ÄGYPTEN

D1674692

terra magica

Fotos: Heinz Knapp
Text: Kristine Jaath
Gestaltung Umschlag: Wolfgang Heinzel
Lektorat: Heinrich Vonarburg

©2001 by Reich Verlag / terra magica
Luzern/Switzerland
Alle Rechte vorbehalten
Printed in EU
ISBN 3-7243-0370-X

Terra magica ist seit 1948 eine international geschützte
Handelsmarke und ein eingetragenes Warenzeichen ®
des Belser Reich Verlags AG.

Bild rechts
Relief am Luxor-Tempel

Bild Vorsatz vorne
Im Hof der Alabastermoschee (Mohammed-Ali-Moschee) in Kairo

Bild nach Vorsatz vorne
Kamelreiter nahe des Simeonklosters bei Assuan

Bild vor Vorsatz hinten
**Die berühmteste Goldmaske der Weltgeschichte: die des Pharaos Tutanchamun
im Ägyptischen Nationalmuseum zu Kairo**

Bild nach Vorsatz hinten (ebenso Titelbild)
**Seit Jahrtausenden raubt sie ihren Betrachtern vorübergehend den Verstand: die Sphinx vor der Chepren-Pyramide in
Gizeh – mit ihrem magisch-unendlichen Blick in Dimensionen der Ewigkeit**

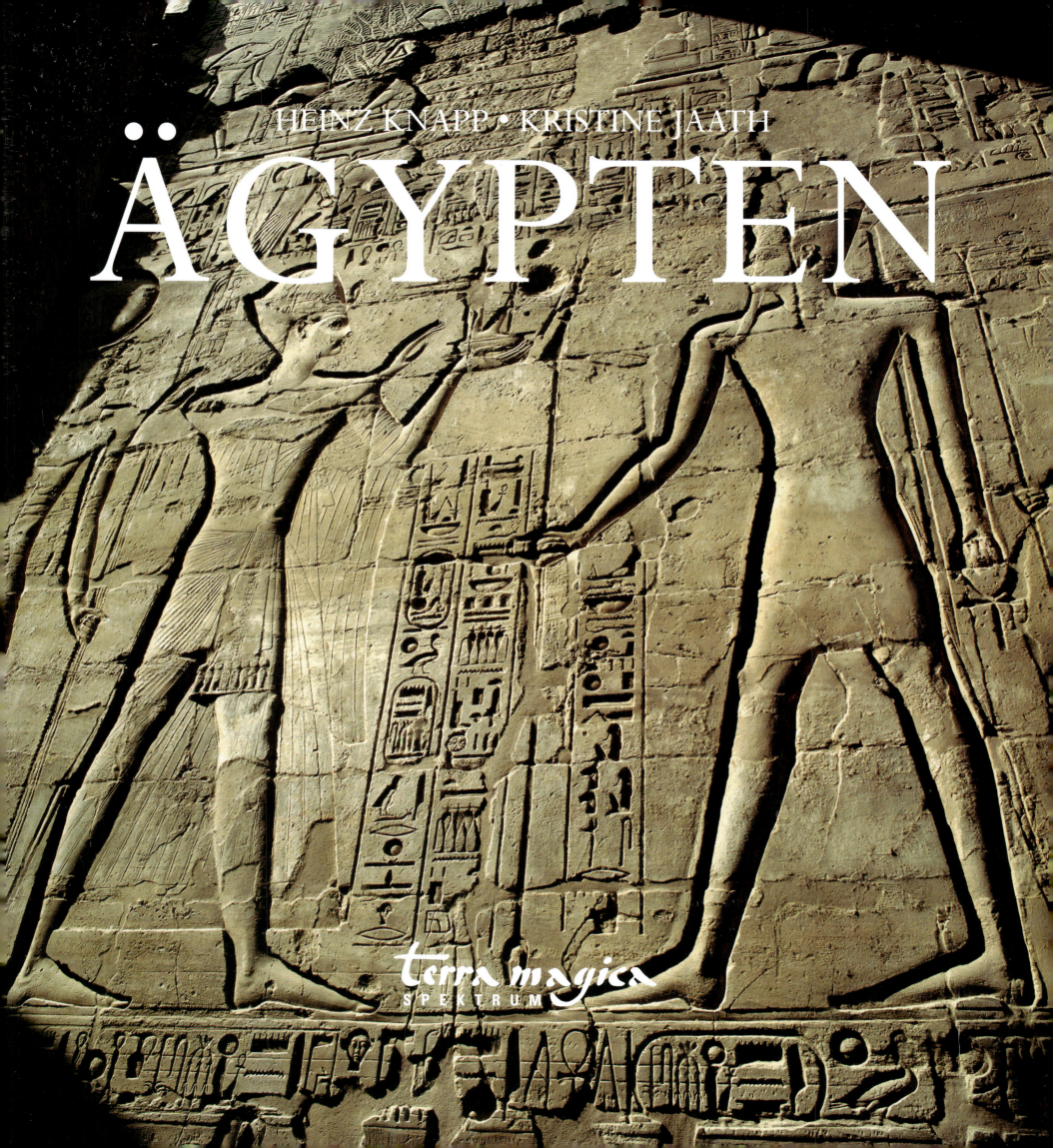

HEINZ KNAPP · KRISTINE JAATH

ÄGYPTEN

terra magica
SPEKTRUM

Textinhalt

Bild rechts
Plötzlich sieht ein Pharao auf uns herab!

«Ahlan-wa-Sahian!» sagt man im Reich der Götter, Pharaonen, Pyramiden und Oasen

Mit diesem arabischen Gruß, der «herzlich willkommen in Freundschaft und Liebe» bedeutet, wird man in Ägypten empfangen – im Land der Tempel und Pyramiden, das der Nil seinen Bewohnern zum Geschenk gemacht hat. «Aigyptos», dem einst die antiken Griechen den heute noch gültigen Namen verliehen, ist eine der ältesten Hochkulturen der Welt: Wächter über eine 5 000-jährige Geschichte, Schnittpunkt dreier Weltreligionen und seit Jahrtausenden Schmelztiegel der Völker und Kulturen.

In kaum einem anderen Land ist die Gegenwart so eng mit der Historie verwoben und in kaum einem die Vergangenheit so gegenwärtig. In Ägypten – Wiege der abendländischen Kultur wie Hüterin des morgenländischen Erbes – begegnen sich Altertum, arabische Tradition und westliche Moderne. Pyramiden, Sphingen und Obelisken, Tempelanlagen und Grabstätten mit einzigartigen Ausschmückungen stehen neben altehrwürdigen frühchristlichen Gotteshäusern, prunkvollen mittelalterlichen Moscheen und himmelwärts strebenden zeitgenössischen Glaspalästen. Berühmte Museen mit reichen Schätzen an Wissen und Werken vom Altertum bis in die Moderne, Kunst und Architektur prägen das «Land der Pharaonen» ebenso wie ein lebhaftes Getümmel in den orientalischen Souks und Basaren.

Im Nebeneinander von fruchtbarer grüner Nillandschaft und endlosem Wüstensand, palmengeschmückten Oasen und paradiesischen Stränden vor einer farbenprächtigen Unterwasserwelt erwächst die Faszination für dieses einzigartige Land. Und ein Land, das zwei Weltmeere miteinander verbindet: das Mittelmeer (Nebenmeer des Atlantischen Ozeans) mit dem Roten Meer (Nebenmeer des Indischen Ozeans). Ägypten und Südafrika sind Afrikas einzige Länder, die an zwei Weltmeere grenzen.

«Misr», wie der arabische Name Ägyptens lautet, ist eine magische Welt wie aus «Tausendundeiner Nacht», und an der Schwelle zur industriellen Zukunft zugleich ein Land voller Widersprüche und Schwierigkeiten, denen die Menschen mit viel Phantasie und Gottvertrauen begegnen. Und ob arm oder reich, gläubig oder weltlich, traditionell oder modern, ihren Besuchern kommen die gastfreundlichen Ägypter stets mit großer Hilfsbereitschaft entgegen. Schließlich ist ihr Heimatland nicht nur seit langem ein klassisches Reiseziel, sondern viel mehr noch: «Umm al dunya» – die Mutter der Welt.

Fotograf Heinz Knapp (bei Palmen in Westtheben) heißt Sie herzlich willkommen in Ägypten

Das Land

Im obersten rechten Eck von Afrika

Rechts oben, im nordöstlichsten Eck des afrikanischen Kontinents liegt Ägypten, oder genauer: die «Arabische Republik Ägypten», wie heute der offizielle Name dieses über 5 000 Jahre alten Wüstenlands lautet. Ein nahezu quadratischer Fleck auf der Landkarte – im Norden spülen Mittelmeerwellen an die ägyptischen Küsten, im Westen stößt das Land an die wie mit dem Lineal gezogene Grenze nach Libyen und im Süden an die ebenfalls schnurgerade Staatsgrenze zum Sudan. Im Osten wird Ägypten vom Roten Meer gesäumt, das sich weiter nordöstlich an der Spitze der Sinai-Halbinsel in zwei schmale Meeresarme verjüngt, von denen der westliche, der Golf von Suez, den Sinai vom ägyptischen Mutterland trennt. Hier am Grabenbruch des Roten Meeres, der Bruchstelle einer Landmasse, die einst Afrika und Asien miteinander verband, bildet das zwischen die Erdteile gezwängte, gebirgige kleine Dreieck des Sinai seitdem die einzige Landbrücke vom afrikanischen zum asiatischen Kontinent – seit 1971 allerdings durch den Suezkanal, die kürzeste Schifffahrtsverbindung zwischen Mittelmeer und Indischem Ozean, künstlich voneinander getrennt.

Über 1 000 Kilometer dehnt sich Ägypten von Norden nach Süden aus und rund 1 000 Kilometer von Osten nach Westen. Das macht ein Gebiet von mehr als einer Million Quadratkilometer aus, was die zusammengenommene Fläche von Frankreich und Deutschland (etwa 900 000 Kilometer) weit übersteigt. Dennoch sind davon nur 55 000 Quadratkilometer besiedelt und kultiviert, das heißt eine Region ungefähr so groß wie Baden-Württemberg. Der Rest ist Wüste; entweder ein hitzeflirrendes Sandmeer, ein «Feuer-Ozean», als den die antiken Reisenden die westliche Sandwüste beschrieben, oder eine ausgestorbene Öde aus Gestein und Geröll, wie sie die östliche Wüste prägt, oder eine verdorrte, schroffe Gebirgswelt, die sich auf dem Sinai bis über 2 500 Meter auftürmt.

Neun Zehntel Ägyptens sind von Wüste bedeckt. Die verbliebenen zehn Prozent werden direkt oder mittels künstlicher Wasseradern vom Nil benetzt, der mit seinem kostbaren Nass die verglühte Erde am Rand seines Flussbetts in grünes Fruchtland verwandelt. Es ist eine zwar schmale, maximal 25 Kilometer breite Oase, aber zugleich auch die größte der Welt, die den längsten Strom der Erde durch Ägypten hindurch begleitet und sich im unterägyptischen Nildelta auf eine stolze Breite von 250 Kilometer ausweitet.

Von Zentralafrika her durchzieht der Fluss die nordostafrikanische Wüste, um sich im nördlichen Delta mit zwei weit verzweigten Mündungsarmen ins Mittelmeer zu ergießen. Auf dem Weg dorthin zerlegt sein von Fruchtland gesäumtes blaues Band die dürre Ödnis ringsum in die Libysche Wüste im Westen, die Sahara und Nubische Wüste im Süden und die Arabische Wüste im Osten – steinige, sandige, von der Hitze versengte riesige Areale, die heute noch etwa 50 000 Beduinen durchziehen. In den wenigen Oasen der Libyschen Wüste, im grünen Niltal und im nördlichen Delta drängen sich dagegen auf den 55 000 Quadratkilometern bebaubarer Fläche über 62 Millionen Menschen, weshalb Ägypten, trotz seiner Größe, zu den am dichtesten besiedelten Ländern der Erde zählt.

Der Nil

Ägypten ist *ein Geschenk des Nils*. So formulierte es schon vor fast 2 500 Jahren der «Vater der Geschichtsschreibung», der griechische Reisende Herodot. Und tatsächlich, im Land, in dem es praktisch nie regnet, ist der Nil die wichtigste Lebensader. Rund 6 670 Kilometer muss der längste Fluss der Welt von seinem Ursprung bis zur Mün-

Bilder nächste Doppelseite
Begegnungen auf und am Nil während einer
Nilfahrt zwischen Assuan und Edfu

dung zurücklegen. Dabei werden seine Wasser von zwei Quellflüssen gespeist: In 2 620 Meter Höhe entspringt in Burundi der Weiße Nil und in Äthiopien auf rund 2 000 Meter der Blaue Nil. Bei Karthoum im Sudan vereinigen sich die beiden einsamen Wanderer, haben nun knapp die Hälfte ihrer Wegstrecke geschafft und bis zur Mündung ins Mittelmeer immer noch 3 000 Kilometer zu fließen.

Von der sudanesischen Grenze im Süden zieht der Nil in Oberägypten ein und muss sich unterwegs Richtung Assuan zunächst durch härtesten Stein kämpfen. Die Stromschnellen und die im Flussbett aufragenden, kaum umschiffbaren Granitblöcke des ersten Nilkatarakts bei Assuan galten den alten Ägyptern einst als das Ende der Welt. Der Mythologie nach entsprang dort das Leben spendende Wasser. Von hier aus trieben die pharaonischen Sonnenboote wie die Papyrusnachen der Fischer und Händler mit der leichten Strömung den Fluss abwärts nach Unterägypten, umgekehrt blähte stromaufwärts der im Sommer vorherrschende Nordwind die Segel. Und so ist es heute noch. Noch immer gleiten schwerbeladene Feluken mit weißen Segeln auf den Nilfluten dahin – wenn sie mittlerweile auch gelegentlich das eine oder andere aufdringliche Motorboot stört oder sie einem der zahlreichen Nilkreuzfahrtdampfer ausweichen müssen, mit denen Ägypten-Touristen zu den ältesten und großartigsten Monumenten des Kulturerbes der Menschheit befördert werden.

Noch bedeckt ein nur wenige hundert Meter breiter Streifen an den Ufern des Nils als grüner Teppich die Wüste, die auch vom Fluss aus deshalb nie aus dem Blick gerät. Tief durch den Stein hat sich der Nil hier ein Bett gegraben, das an den Rändern bis zu 200 Meter Höhe erreicht. Etwa 70 Kilometer nördlich von Assuan weicht das harte Gestein auf einmal weicherem Kalkstein. Nun wird das Tal deutlich breiter und das Fruchtland dehnt sich zwischen vier und zwölf Kilometer aus. Im Vorübergleiten grüßt der Nil, nachdem er weitere hundert Kilometer zurückgelegt hat, die pharaonischen Tempelbezirke von Luxor und Karnak, deren Säulen und Obelisken unmittelbar an seinem Ostufer aufragen, und im Westen die beiden Memnonkolosse, die den Eingang zur berühmten Pharaonen-Nekropole von Theben-West bewachen.

Träge folgt der Fluss seiner Bahn vor der Kulisse durstiger, immer schroffer werdender Berghänge, die hinter der Grenze zum Fruchtland aufsteigen und südlich der Provinzhauptstadt Sohag, wo der Nil nach Mittelägypten fließt, schließlich eindrucksvolle Steilabfälle ausformen. Wie überall an den ägyptischen Ufern wird das Wasser auch hier mit Hilfe einer wohl durchdachten, über Jahrtausende bewährten Technik auf die Felder befördert, wozu das Segen spendende Nass nicht selten jedoch erst einmal kräftig angehoben werden muss. Diese mühsame Arbeit wird mittlerweile überwiegend von durch Wasserkraft oder Dieselmotoren angetriebene Pumpanlagen geleistet, die das Nilwasser in ein weit verzweigtes System von Haupt- und Nebenkanälen einleiten.

Doch trifft man auch heute noch auf uralte Schöpfwerke, wie sie schon in pharaonischen Zeiten gebräuchlich waren: *Sakyia*, ein von Ochsen angetriebenes Schaufelrad, oder *Schaduf*, ein Ziehbrunnen mit einem in der Mitte gelagerten Schwengel, dessen Gewicht an der einen Seite einen wassergefüllten Ledereimer auf der anderen Seite aus bis zu zwei Meter Tiefe hievt. Außerdem gibt es archimedische Schrauben, auch «ägyptische Schrauben» genannt, die kraft einer durch Kurbeln oder Treten betriebenen, sich in einem Rohr drehenden Schneckenwelle das Wasser nach oben transportieren. Und auch die Tonkrüge sind noch in Gebrauch, welche die Frauen wie vor 5 000 Jahren bis zum Rand mit Wasser gefüllt auf dem Kopf von den Brunnen nach Hause jonglieren. Auf umgekehrtem Weg balancieren sie von den Dörfern ausladende Metallwannen (*Tischte*), in denen sich die Familienwäsche auftürmt, mit vorsichtigem Schritt die Böschung zum Nilufer hinunter, wo man sich zum Großreinemachen trifft. Die große Wäsche ist noch Gemeinschaftsarbeit, und während der anstrengenden Tätigkeit auf den Waschsteinen am Fluss wird zwischen Schilfrohr und überbordenden Matten von Wasserhyazinthen viel geschwatzt und gelacht.

Bild rechts und nächste Doppelseite
- **Felukenfähre zwischen Assuan und der Insel Elephantine**
- **Bauart fast wie zu pharaonischen Zeiten: Feluken auf dem Nil. Im Vergleich dazu ein modernes Nilkreuzfahrtschiff**

So zieht der Nil als grün umgürtetes, schlammtrübes Band durch das unwirtliche Wüstenland auf seinem Weg zum Mittelmeer dahin, vorbei an den mittelägyptischen Städten Assiut, Minia und schließlich Beni Suef, wo sein einziger Nebenarm auf ägyptischem Boden abzweigt – freilich bereits seit Jahrtausenden reguliert und kanalisiert – und die Halboase des Fayyum mit Wasser speist. Von hier aus sind es keine 200 Kilometer mehr bis zur Mündung. Doch bevor der Fluss seinem Endpunkt entgegenstrebt, wird er sich zunächst noch voll Ehrfurcht vor einem der sieben Weltwunder, den Pyramiden von Gizeh, verneigen und anschließend wenige Kilometer stromabwärts Al-Qahira, der «Siegreichen» und «Mutter der Welt», seine Aufwartung machen: Kairo, der Hauptstadt Ägyptens und zugleich bevölkerungsreichsten Metropole Afrikas.

Wer die Stadt Qahira nicht gesehen hat, hat die Welt nicht gesehen, steht schon in den alten arabischen Erzählungen von «Tausendundeiner Nacht» geschrieben. *Ihre Erde ist Gold, ihre Weiber sind ein Zauber und der Nil ist ein Wunder.* Nun haben sich seine Fluten durch die Abwässer aus Landwirtschaft und Industrie zwischenzeitlich zwar bedenklich getrübt, und auch die «Mutter der Welt» ist im Verlauf vieler Jahrhunderte eine alte graue Dame geworden, aber dennoch hat Kairo von seiner Faszination bis heute nichts eingebüßt.

Nach wie vor gelten die Worte aus der «Geschichte des jüdischen Arztes» in «Tausendundeine Nacht»: *Stehst du bei Qahira am Nil, wenn er bei Sonnenuntergang mit dem Gewand der Sonne wie mit einem Panzer sich umhüllt, so wirst du von einem sanften Zephyr, der die schattigen Ufer umweht, ganz neu belebt.* Und so ragt scheinbar unumstößlich seit aller Zeit inmitten der staubigen, tosenden, lärmenden Megalopolis, die gegenwärtig jeden Tag einen neuen Verkehrsinfarkt knapp überlebt, noch immer die in der Welt einzigartige Skyline zahlloser Minarette in den smogtrunkenen Himmel empor, als hätte sie der Lauf der Welt nie wirklich berührt und der sanft vom Nil aufsteigende Wind stets aufs Neue belebt.

Unter sieben Brücken hindurch muss der Strom das innerstädtische Kairo durchfließen, bis sich am nördlichen Stadtausgang das Fruchtland ringsum, schon südlich von Kairo 25 Kilometer breit, zu einem fast gleichschenkligen Dreieck ausweitet, das am Mittelmeer schließlich eine Ausdehnung von rund 250 Kilometern erreicht. Gab es zu Herodots Zeiten noch sieben Mündungsarme des Nils, durchschneidet der Fluss das Delta heute nur noch auf zwei Wasserwegen: dem Rosetta- und dem Damietta-Arm, nach den an der jeweiligen Mündung gelegenen Städten so benannt.

Das Nildelta

Das Nildelta trägt reichere Früchte als südlich das engere Tal, nirgends in Ägypten werden größere Ernten eingebracht. Etwa zwei Drittel der ägyptischen Anbauflächen, die ohnehin nur vier Prozent des gesamten Staatsgebiets ausmachen, erstrecken sich über das Delta mit seinen schweren, ertragreichen Böden. Sie sind ein *Geschenk des Nils*, um noch einmal Herodot zu zitieren, entstanden durch die alljährliche Nilschwemme, die den lebensnotwendigen fruchtbaren Schlamm aus der Ferne in das Wüstenland herbeitransportierte und über die Felder verteilte.

Alljährlich ließen tropische Regenfälle weitab in Zentralafrika und kräftige Güsse im äthiopischen Hochland den Nil zwischen Juli und Oktober so anschwellen, dass sich sein Wasserspiegel bis zu sechs Meter hob und das Flusstal wie das Delta in gewaltige Seen verwandelte, so wie es einst schon der römische Philosoph und Politiker Seneca (um 55 v. Chr. bis um 39 n. Chr.) beschrieb: *Es ist ein großartiges Schauspiel, das sich bietet, wenn der Nil in das Land eingedrungen ist. Der Boden des Flachlandes ist verschwunden, die Senken sind untergetaucht, die Ortschaften ragen wie Inseln empor.* Auf seinem Rückzug ließ der Fluss dann an den Ufern und im Delta den fruchtbaren Schlamm zurück, der die Wüste zum Blühen brachte.

Heute werden auch noch die entferntesten Felder durch ein System zahlloser Kanäle bewässert. Und von der Ab-

Bilder rechts und nächste Doppelseite
- **Fischerboote auf dem blauen Nil bei Rosetta**
- **Rosetta: Pferdekutscher und Fischverkauf**
in der Stadt, Fischtrawler am Ufer

hängigkeit von der Nilflut, die in einem Jahr Segen brachte, im nächsten verheerende Überschwemmungen anrichtete und im darauf folgenden gnadenlos ausblieb und das Land ausdorren ließ, hat man sich ebenfalls weitgehend befreit. Seit der Fertigstellung (1971) der großen Sperrmauer bei Assuan in Oberägypten bleiben der Unterlauf des Nils und das Delta von den Überschwemmungen verschont. Über eine Länge von mehr als 550 Kilometer staut das mächtige, 111 Meter hohe Bollwerk das Wasser im künstlichen Nasser-See bis weit in den Sudan hinein.

Neben seiner Funktion als wichtigster ägyptischer Elektrizitätslieferant kann dank dem Assuan-Staudamm dem Land nun gleichmäßig über das Jahr verteilt das unentbehrliche Nass zugeführt werden – ein unüberschätzbarer Vorteil, der Ägypten zusätzliche Ernten einbringt. Andererseits steigt infolge der Dauerbewässerung der Salzgehalt in den Böden an, der nur per Drainage entsorgt werden kann. Der fruchtbare Schlamm erreicht die Felder nicht mehr, was einen vermehrten Kunstdüngereinsatz erforderlich macht, und auch die Bodenabtragung an den Küsten im Mündungsgebiet gleicht sich nicht mehr auf natürliche Weise aus.

Hinter den Lagunen im Mündungsgebiet mit schwimmenden Pflanzeninseln und Salzkrusten an der Oberfläche des Wassers dehnen sich großräumig die Ackerflächen des Deltas aus, die selbst am Horizont noch nicht verschwinden wollen. Wie mit dem Lineal gezogen sind die geometrisch angeordneten Felder von lang gestreckten künstlichen Wasserarmen durchschnitten. Dattelpalmen und Tamarisken säumen die grünen und braunen Ackerkrumen, auf denen Getreide, Gemüse und Zuckerrohr, die Futterpflanze Luzerne und vor allem die hochwertige ägyptische Baumwolle gedeihen. Mit der Jahrtausende alten *Seluka*, einer Hacke mit sehr breitem Blatt, bearbeiten die Fellachen noch immer mühselig die Böden, während Kamele und Ochsen geduldig ihre vorsintflutlichen Pflüge ziehen. Und auch auf den Dreschplätzen wird das Korn zumeist noch von Hand von der Spreu getrennt.

Hinter dem Fruchtland ducken sich am Wüstenrand die aus rötlich-braunen Nilschlammziegeln und neuerdings grauem Beton errichteten Dörfer. Eingesprenkelt im Fruchtland liegen weißgetünchte Kuppelfriedhöfe und die zwar we-

niger pittoresk wirkenden, aber obligatorischen Taubentürme. In Unterägypten trifft man immer wieder auf diese einem Mittelding zwischen Getreidespeicher und alter islamischer Festung gleichenden Geflügelhochhäuser. Es sind konisch zulaufende, über und über mit Vogelkot beklackerte Türme, die hier und da förmlich Siedlungen bilden und deren Bewohner entweder als fester Bestandteil der Speisekarte herhalten müssen oder mit ihrem Mist für die Düngung der Felder sorgen.

Auf den Straßen und Transportwegen im Delta tummelt sich alles, was nur irgendwie Räder und Beine hat. Besonders im Herbst, nachdem Heerscharen von Baumwollpflückern die weißen Bällchen aus ihren geöffneten Kapseln geklaubt haben, verstopfen turmhoch beladene Kamele und Esel die Wege. Die Tiere verschwinden fast völlig unter ihrer Traglast, wenn sie in Konvois das weiße Gold Ägyptens zum Abtransport zu den Sammelstellen bringen.

Wie neumodisch erscheint da das erst 1859 zum Baubeginn des Suezkanals gegründete Port Said, die viertgrößte Stadt in Ägypten und gewissermaßen die jüngste unter den altehrwürdigen ägyptischen Gründungen; sie beschließt das Delta mit dem Suezkanal im äußersten Osten. Im äußersten Westen liegt auf einer Sandnehrung an der Mittelmeerküste die zweitgrößte ägyptische Stadt und «Europäerin» unter den Orientalen: Alexandria. Zwar prägt auch den wichtigsten touristischen Hafen und seit dem 19. Jahrhundert Lieblingsort der europäischen Immigration ein morgenländisches Flair. Ein unerhörtes Gewimmel herrscht in den Altstadtstraßen und Souks, den kunterbunten, orientalisch engen Ladengassen.

Doch nur wenige Schritte entfernt erstreckt sich über 18 Kilometer die Corniche, herausgeputzte und aufgemöbelte Strandpromenade und eine der brausendsten Hauptverkehrsadern zugleich, hinter der sich Hochhaustürme nach westlicher Art aneinander reihen. Davor breiten sich allein im Stadtgebiet elf herrliche Strände aus, dank der beständig wehenden mediterranen Brise im Sommer von rund anderthalb Millionen urlaubsreifen Ägyptern bevölkert, die der

Bild rechts
Die Salam-Moschee in Port Said
am Nordende des Suezkanals

drückenden Hitze im Delta entfliehen. Nur noch wenige Zeugnisse erinnern an Alexandrias glorreiche Vergangenheit seit der Grundsteinlegung durch Alexander den Großen 331 v. Chr. Auf der Westseite der ehemaligen Insel Pharos, wo sich mit dem gleichnamigen Leuchtturm einst eines der sieben Weltwunder erhob, thront heute der Ras-el-Tin-Palast, in dem die ägyptischen Könige bis zur Entmachtung 1952 residierten.

Rund um den Saad-Zaghlul-Platz, wo heute das großstädtische Leben pulsiert, stand vermutlich Königin Kleopatras Caesarium, der Tempel, den sie für ihren Liebhaber Marcus Antonius erbauen ließ. So kann man sich in die große Zeit von Alexander bis Kleopatra heute am besten im Griechisch-Römischen Museum von Alexandria zurückversetzen, das über die bedeutendste Sammlung jener ägyptischen Epoche verfügt und diesbezüglich eine hervorragende Ergänzung zum Ägyptischen Nationalmuseum in Kairo darstellt.

Folgt man von Alexandria aus der «Desert Road», einer autobahnähnlichen Wüstenstraße, in Richtung Kairo, ist man nach etwa hundert Kilometern bei den vier berühmten koptischen Klöstern im Wadi Natrun angelangt. Um die 35 Kilometer lang und bis zu 10 Kilometer breit ist das 24 Meter unter dem Meeresspiegel gelegene Tal, in das vom Nil her Grundwasser drückt und die rund 10 000 Bewohner mit dem überlebensnotwendigen Gut versorgt. Darüber hinaus wird hier von jeher nach dem Austrocknen einer Anzahl von Seen im Frühjahr Salz und Natron gewonnen, was dem Tal einst seinen Namen verlieh.

Im 4. nachchristlichen Jahrhundert zogen viele Christen als Einsiedler ins Wadi Natrun und gründeten Klostergemeinden – die koptische Kirche in Ägypten zählt zu den ältesten christlichen Glaubensgemeinschaften. An die 50 koptische Klöster sollen es im Wadi Natrun einmal gewesen sein. Sie wurden im Mittelalter immer wieder überrannt und vielfach geplündert, so dass heute nur noch vier – von wehrhaften Festungsmauern umringte – Abteien bestehen. Von diesen noch immer von Mönchen besiedelten Stätten sind drei zu besichtigen. Die Türen des vierten und eindrucksvollsten, des Makariosklosters mit seinen aus dem 10. Jahrhundert stammenden bildschönen Ikonostasen (dreitürigen

Bilderwänden) und dem Schrein des heiligen Makarios, bleiben wegen des Ansturms seit 1992 für Touristen verschlossen.

Kairo

*H*ast du Kairo nicht gesehen, hast du die Welt nicht gesehen. Und in der Tat fügt diese größte Metropole Afrikas ihr Antlitz aus einer schier unvorstellbaren Mannigfaltigkeit von Erscheinungsformen zusammen. Zwischen den malerischen Minaretten der muslimischen Gotteshäuser ragen die von Kreuzen geschmückten Kirchtürme der Kopten auf, zu denen sich betonstarke moderne Wolkenkratzer gesellen, welche die im Verfall befindlichen kolonialen Prachtbauten und die wie aus pharaonischer Zeit erscheinenden Lehmziegelhütten in ihre Schatten tauchen. Slums und heruntergekommene Trabantenstädte drängen sich unmittelbar an den Grenzen zu vornehmen Villenvierteln, hinter Palästen und Universitäten, Ausgrabungsstätten und altehrwürdigen Monumenten hausen Zehntausende von Menschen in Totenstädten und auf stinkenden Müllhalden.

Wenige Schritte entfernt von schicken westlichen Glitzerboutiquen verströmen farbenprächtige Basare die duftenden Wohlgerüche des Orients, die sich mit einer unerträglichen Wolke aus Staub und übel riechenden Abgasen mischen. Im Frühjahr weht manchmal ein glühend heißer, trockener Südwind, der *Chamsin* heran, der Tage lang anhalten und Sandstürme hervorrufen kann, die weit ins Delta hinauf den Himmel verdüstern. In der Sommerzeit klettert das Thermometer tagsüber auf 45 Grad.

Durch die heiße, stickige Luft hallt der Gebetsruf der Muezzins, gegen den die Kirchenglocken anbimmeln, über-

Bilder rechts und nächste Doppelseite
• **Die Alabastermoschee von Kairo**
wurde von Mohammed Ali Pascha
in den Jahren 1824 bis 1857 erbaut
• **Blick vom Kairo-Turm auf die Nilmetropole. Im**
Vordergrund der südliche Teil der Nilinsel
Gezira, weiter unten die Nilinsel Roda

tönt vom schallenden Kanonendonner, der im Fastenmonat Ramadan allabendlich bei Sonnenuntergang die Muslime zum ausgiebigen Schlemmen zusammenruft – im Wettstreit um die höchsten Dezibelausschläge wiederum um Längen geschlagen vom allgegenwärtig dröhnenden, brausenden, tosenden Verkehr, der sich von allen vier Himmelsrichtungen her mit den für europäische Augen unvorstellbarsten Verkehrsteilnehmern in den Flaschenhals Kairo zwängt.

Tagtäglich pendeln rund fünf Millionen Menschen mit verbeulten, knatternden Bussen, quietschenden Straßenbahnen, Nilschiffen und der 1987 eröffneten ersten U-Bahn auf dem afrikanischen Kontinent in die Kairoer Innenstadt. Dazwischen erkämpfen sich unzählige Taxis und Privatwagen schiebend, stoßend und drängelnd ein Plätzchen, das sie mit der Hand auf der Hupe gegen die durch die Hauptstraßen getriebenen Ziegen- und Schafherden verteidigen. Wie lieblich mutet da der Glöckchenklang der dahertrappelnden Kamele an und wie unaufdringlich das Geschrei der Marketender und Straßenhändler, die sich mit Bakschischjägern, radelnden Brotlieferanten, Eselskarren, Eisengittertransporteuren, Müllverwertern, Schubkarrenschiebern und mobilen Garküchen unter die Blechlawine mischen.

Wer sich an die Verkehrsregeln hält, hat verloren. Auch das Hupen ist seit 1998 eigentlich verboten, und wer als Fußgänger eine Hauptverkehrsader überqueren will, rennt um sein Leben. Die «Mutter der Welt» ist Märchen und Alptraum zugleich, ein riesiger Moloch, der überquillt von Lärm, Menschen, Autos und Dreck, und für dessen Besuch man Nerven wie Drahtseile braucht.

Für zwei Millionen Stadtbewohner sind die Straßen der ägyptischen Hauptstadt einmal geplant worden. 1976 bevölkerten aber schon fünf Millionen Menschen die Stadt, und 2001 wurde Kairo auf 15 bis 18 Millionen Einwohner geschätzt. Doch wie viele Menschen wirklich in der ägyptischen Megalopolis leben, kann niemand sagen. Nur eines ist gewiss: Jährlich werden es immer mehr.

Die Downtown, wie man das moderne Kairo, das quirlige Zentrum der ägyptischen Hauptstadt seit neustem nennt, erstreckt sich einiges weiter nördlich als ihr ursprünglicher Besiedlungspunkt Fustat. Im 7. Jahrhundert hatten die arabischen Eroberer unter ihrem Heerführer Amr Ibn al-As auf der Höhe der Nilinsel Roda zwischen dem Fluss und den Mokattam-Hügeln am Ostufer des Tals ihren «Fustat» getauften ersten militärischen Stützpunkt errichtet. Daraus entwickelte sich schon bald eine Stadt, die Emir Achmed Ibn Tulun im 9. Jahrhundert unter dem Namen «El Qatai» nach Norden verlegen und dort die Ibn-Tulun-Moschee bauen ließ. Nach der Machtübernahme der Fatimiden im 10. Jahrhundert gründeten diese abermals ein Stückchen weiter nördlich einen neuen Stadtbereich – «Al Qahira» (Die Siegreiche) – der noch heute unter dem Namen «Islamisches Kairo» existiert.

Das «moderne Kairo» dehnt sich von der nördlichen innerstädtischen Nilinsel Gezira über drei Brücken hinweg am östlichen Flussufer aus. Die Nordhälfte der Insel nehmen Wohnviertel wohlhabender Kairoer ein, auf der Südhälfte bestimmen Botschaften, ein Botanischer Garten und der exklusive Gezira Sporting Club das Bild, überragt vom 1961 erbauten Cairo Tower, von dessen Restaurant in über 180 Meter Höhe man einen herrlichen Ausblick auf die steinerne Wüste Kairos genießt.

Am gegenüberliegenden Nilufer liegt die Downtown mit Bürohäusern, Banken, Hotels und vornehmen Shopping-Meilen, der Amerikanischen Universität und nahe bei dem Ägyptischen Nationalmuseum, das die größte Sammlung altägyptischer Funde beherbergt. Auf zwei Etagen sind über 120 000 Exponate vom Alten Reich bis zur Spätzeit chronologisch geordnet, wobei die größte Attraktion der Mumiensaal mit den Mumien von elf Pharaonen ist, darunter Sethos I. und Ramses II., sowie der berühmte Grabschatz des Tutanchamun.

Auch das Mogamma-Gebäude ist der Erwähnung wert – nicht weil es eine Sehenswürdigkeit ist, sondern weil es als Tempel der ägyptischen Papiertiger-Kaste den Nachtmahr aller Behördengänger verkörpert. In diesem 1944 errichteten, graudüsteren Bollwerk der Bürokratie walten in 1 400 Büroräumen Heerscharen von Bediensteten ihres Amtes, türmen Berge von Akten, Formularen und Anträgen auf –

Bild rechts
Blick vom Kairo-Turm auf die abendliche Galaa-Brücke

verrichten allerdings laut amtlicher Statistik keine dreißig Minuten Arbeitszeit pro Tag. Den Rest ihrer Zeit widmen die heillos unterbezahlten Beamten, denen selbst die obligatorischen Schmiergelder kaum zum Leben ausreichen, anderwärtigen Erwerbstätigkeiten. Sie sind zum Beispiel als Taxifahrer unterwegs oder unterhalten in ihrer Amtsstube einen Kramladen oder Souvenirhandel.

Die korruptionsfreundliche chronische Unterbezahlung rührt aus den Zeiten, als noch jeder Akademiker in den Staatsdienst übernommen wurde, sofern er anderswo keinen Job bekam. Doch führte dieses löbliche Arbeitsbeschaffungsprogramm in dem äußerst übervölkerten Land dazu, dass jeder Amtsstuhl bald mehrfach besetzt war – bis für die unablässig nachrückenden Bürodebütanten in den Stuben schließlich auch im wörtlichen Sinn kein Stuhl mehr vorhanden war. Und wer steht, der geht. Der Rest dieser bemerkenswert überflüssigen Beamtenschar verwaltet die außerordentlich hohe Arbeitslosigkeit der Ägypter.

An das moderne Kairo schließt sich östlich das Islamische Kairo an, die Altstadt der Metropole am Nil. Zwischen den nur noch teilweise vorhandenen Stadtmauern lag hier über viele Jahrhunderte das Machtzentrum Ägyptens, wovon zahlreiche historische Bauwerke, Moscheen, Paläste und ein verschachteltes Labyrinth aus Straßen, Wohnbereichen und Arbeitsstätten ein beredetes Zeugnis ablegen. Überall in den verschlungenen Gassen hört man das Rattern von Nähmaschinen und Hämmern der Schmiede und Schuster, das sich in den engen, schummrigen Souks mit dem lautstarken Feilschen um Kleider und Stoffe, Leder, Gewürze, Gold- und Metallwaren, Parfüms, Lebensmittel jedweder Natur und billigen Touristenkitsch vermischt. Insbesondere der Khan-el-Khalili-Basar zählt zum touristischen Pflichtprogramm. Rund um die Plätze erfüllt der Duft aus den Kaffeehäusern die Luft, wo sich die Basarhändler bei einem Glas Tee oder Schälchen Mokka in den Rauchschwaden aus den Wasserpfeifen beim Karten- oder Dominospielen entspannen.

An der nördlichen Stadtmauer thront vor dem Bab el Futuh und Bab el Nasr (Tor der Eroberung und Tor des Sie-

Bild rechts
3 der 5 Minarette der Al-Azhar-Moschee, gegründet 970

ges), den beiden aus dem 11. Jahrhundert erhaltenen Toren der ehemaligen Stadtumwallung, mit Ehrfurcht einflößenden Ausmaßen die El-Hakim-Moschee, die der «verrückte Kalif» El Hakim bis 1013 erbauen ließ. Einen Steinwurf entfernt stößt man an der Ostseite des Khan-el-Khalili-Basars auf die mächtigen Mauern der Hussein-Moschee; dies ist das beliebteste muslimische Gotteshaus Kairos, in dem Strenggläubige und auch eine vielköpfige Schar religiöser Fanatiker fünf Mal am Tag ihre Gebete murmeln. Ungläubigen ist der Zutritt verboten, weshalb die Hussein-Moschee auf vielen Stadtplänen nicht einmal eingezeichnet ist.

Nur wenige Schritte weit zu Fuß sind es von hier zur Al-Azhar-Moschee mit der Al-Azhar-Universität, dem intellektuellen religiösen Mittelpunkt der gesamten islamischen Welt. Fünf Minarette zieren das 970 unter den Fatimiden gegründete Gotteshaus, welches das Herzstück der nur wenige Jahre später eröffneten Al-Azhar-Universität bildet. In der ältesten Universität des Islam werden bei einer durchschnittlich fünfzehn Jahre betragenden Studiendauer als Hauptfächer Theologie, Islamisches Recht und Arabisch gelehrt. Insgesamt studieren zirka 100 000 junge Menschen an der Al-Azhar-Universität. Doch nur die Bewerber für die göttlichen Fächer werden nach strengsten religiösen Kriterien ausgewählt. Alle anderen beschäftigen sich in den über die gesamte Stadt verteilten Fakultäten mit ganz weltlichen Dingen.

Abermals ein paar Schritte zu Fuß und zahlreiche Moscheen weiter ragt im Süden des Islamischen Kairo über dem phantastischen Minarettwald auf einem höher gelegenen Plateau die Zitadelle empor, Kairos Postkartenansicht par excellence, die auf Veranlassung des Schreckens der Kreuzfahrer, Saladin, 1176 bis 1202 entstand. In ihrer gewaltigen Ausdehnung nahm die Festungsanlage im Verlauf der Jahrhunderte viele bedeutende Bauwerke auf.

So die 1318 bis 1335 erbaute An-Nasir-Moschee mit ihren zwei schönen Zwiebelkuppeln und die wegen ihrer Alabasterverkleidung auch «Alabaster-Moschee» genannte Mo-

Bild rechts
Staunende Ehrfurcht auf weichen Teppichen
in der Alabastermoschee

hammed-Ali-Moschee, die der große Politiker und Pascha Ägyptens Mohammed Ali 1824 bis 1857 errichten ließ. Der Sarkophag des einst im Krieg gegen die Franzosen im osmanischen Heer an den Nil gelangten späteren Paschas befindet sich in der riesigen Gebetshalle des reich geschmückten Gotteshauses. Dieses im typisch osmanischen Stil erbaute Gebäude kann sein Vorbild in Istanbul nicht leugnen. Die beiden schlanken, 80 Meter hoch über die Stadt hinaufragenden Bleistiftminarette sind heute das Wahrzeichen Kairos.

Ihr zu Füßen bereichern die Minarette der in der Frühzeit des Islam bis 879 fertiggestellten Ibn-Tulun-Moschee die Skyline der Nilmetropole; ergänzt durch die Gebetstürme der imposanten Sultan-Hassan-Moschee, die zusammen mit Ibn Tulun zu den herausragendsten Beispielen arabischer Moscheenbaukunst zählt.

Wie anders ist auf einmal das Bild jenseits der Stadtmauern, wo sich im Nordosten der Zitadelle am Fuß des Mokattam-Hügels kilometerweit die Nördliche Totenstadt hinzieht. In den von Kuppeln und Minarettchen geschmückten Mausoleen von Mamluken-Sultanen und Grabbauten wohlhabender Kairoer haben sich zugewanderte Arbeits- und Obdachlose niedergelassen.

Da die Grabstätten in der Regel aus einer Familiengruft sowie oberirdischen Wohnbauten bestehen, in welche die Angehörigen der Verstorbenen zu ihren sporadischen Totenfesten einziehen, verfügen die Gebäude nicht selten über Elektrizität und einen Wasseranschluss. So sind die Kairoer Nekropolen allmählich wieder lebendig geworden. Schätzungsweise 150 000 Menschen, die sonst keine Unterkunft fanden, übernahmen die Stätten der Toten, um dort ein Leben in Armut und Not zu fristen, aber wenigstens ein Dach über dem Kopf zu haben.

Nirgends prallen die sozialen Gegensätze so scharf aufeinander wie in Kairo. Wo im Dreamland Golf & Tennis Resort oder dem Gezira Club auf der Nilinsel auf gepflegten Greens eingelocht wird, hausen nur wenige Kilometer Luftlinie entfernt die Menschen im Müll. Beispielsweise stammen aus dem im Norden gelegenen Stadtteil Ezbet el-Nakhl die Müllmänner, die «Zabbalin», die dort einen der insgesamt sieben Kairoer Slums bevölkern. Gegen ein verschwin-

dend kleines Entgelt schaffen sie mit randvoll gefüllten Eselskarren die Abfälle fort, die tagtäglich in Restaurants und Geschäften, Hotels und Privathäusern anfallen.

Meist werden die Karren von Kindern gelenkt und meist sind es Kopten, die als Arbeitslose Mittelägypten verließen und vornehmlich von der islamistischen Terrorhochburg Assiut nach Kairo zogen. Mühselig wird der eingesammelte Unrat von ihnen per Hand sortiert. Was sie nicht selbst recyceln können, wandert in die Obhut spezialisierter Altwarenhändler, und die verbliebenen organischen Abfälle werden an die Schweine verfüttert. Etwa 50 000 Menschen leben derart in primitiven Hütten inmitten von Müll. Dass sie die von Muslimen verabscheuten Schweine züchten und essen, macht ihr Leben nicht leichter. Trotzdem sind die Zabbalin unentbehrlich, ohne ihre Arbeit wäre Kairo schon lange im Dreck versunken. Denn obwohl die Eselskarren allmählich sogar klapprigen Lastwagen weichen, die ein Vielfaches an Ladung aufnehmen können, kommen die Müllmenschen mit ihrer Arbeit längst nicht mehr nach.

Überwiegend Kopten leben auch in Alt-Kairo südlich des Islamischen Kairo, wo sich gegenüber der Südspitze der Nilinsel Roda einst das Römerkastell «Babylon» ausdehnte. Die Mauern der altrömischen Festung sind stellenweise noch vorhanden, wuchtig behaupten dort die beiden auf die Zeit der Kaiser Hadrian und Trajan zurückgehenden Tortürme ihren Platz. Über dem Südwest-Turm wurde im 5. Jahrhundert die El-Moallaka-Kirche, «die Hängende», errichtet, so dass der Turm den Boden des der Heiligen Jungfrau geweihten Gotteshauses bildet.

Zahlreiche Kirchen schmücken die verwinkelten Gassen im Koptischen Kairo, darunter die dreischiffige, den Märtyrern Sergius und Bacchus gewidmete Basilika St. Sergius, vermutlich die älteste Kirche Kairos, an der Wende vom 4. zum 5. Jahrhundert gebaut und mit wundervollen Holzintarsien und elfenbeinverzierten Ikonostasen versehen. Die schönsten Kunstschätze des frühen Christentums birgt nahebei das Koptische Museum, das weltweit die größte Sammlung koptischer Altertümer besitzt.

Bilder rechts
Impressionen in Alt-Kairo

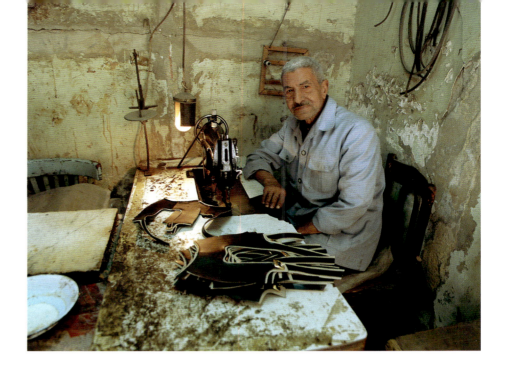

Nicht weit entfernt erstrecken sich die Ruinen von Fustat, dem Ursprungsort Kairos, wo die arabischen Eroberer einst ihr Zeltlager errichteten und auf Veranlassung des Heerführers Amr Ibn al As am westlichen Rand des heutigen Ruinenfelds eine Moschee gründeten. Zwar wurde die Amr-Moschee mehrfach erneuert und umgebaut und besteht heute nicht mehr im Originalzustand, doch ist sie mit ihrer Gründung im Jahr 642 das älteste islamische Gotteshaus nicht nur Kairos und Ägyptens, sondern des gesamten afrikanischen Kontinents.

Einen noch größeren Zeitsprung zurück erlebt, wer sich von Alt-Kairo aus über die El-Giza-Brücke an das westliche Nilufer begibt. Unmittelbar am Stadtrand von Gizeh, das längst mit Kairo zusammengewachsen ist, erheben sich am Wüstensaum die Wahrzeichen von Ägypten: die berühmten Pyramiden von Gizeh. Auf dem Weg dorthin tauchen diese im Alten Reich (um 2650 bis 2150 v. Chr.) entstandenen Wunder der Alten Welt zunächst nur als Schemen aus dem Hitzedunst Kairos auf, doch schon bald zeichnen sich ihre majestätischen Silhouetten mit klar umrissenen geometrischen Formen vor dem Himmel ab.

Im Norden ragt als höchste, heute noch 137 Meter hohe Spitze der Cheops-Pyramide empor, gefolgt von der Chephren-Pyramide, die zwar höher erscheint, da sie auf einem Felspodest aufgebaut wurde, aber tatsächlich fast zehn Meter weniger misst. Als kleinste der drei beschließt die 62 Meter hohe Mykerinos-Pyramide das Ensemble im Süden – wie die Cheops-Pyramide von Totentempeln und kleineren, der königlichen Familie zugeeigneten Pyramiden umrahmt. Komplettiert wird dieses weltweit wohl bekannteste architektonische Gesamtkunstwerk von der Sphinx, (die in der Archäologiefachsprache männlichen Geschlechts ist), die König Chephren in Form einer Löwen-Mensch-Figur aus einem riesigen Sandsteinblock herausschlagen ließ.

Er trägt vermutlich die Gesichtszüge des Herrschers, weshalb die 20 Meter hohe und 65 Meter lange Katzengestalt im Gegensatz zu allen anderen Sphingen, die im Ver-

Bilder links
Metzgerei, Schuhmacherei und
Metallwarenfabrikation in Alt-Kairo

lauf der Antike noch modelliert wurden, mit dem männlichen Artikel versehen ist. Und so thront die erhabene Sphinx seit 45 Jahrhunderten im Wüstensand, ihr steinernes Haupt ostwärts dem Sonnenaufgang zugewandt und den gleichmütigen Blick in der Unendlichkeit versenkt, selbst wenn abends nach Einbruch der Dunkelheit das «Light-and-Sound»-Spektakel mit bunten Laserlichtern die Wüste zum Tanzen bringt und dazu aus den Lautsprechern Geschichten aus dem alten Ägypten ertönen, einmal pro Woche auch in deutscher Version.

Eine kleine Schwester der Sphinx, die «Alabaster-Sphinx», zählt neben einer Kolossalstatue von Ramses II. zu den bedeutenden Sehenswürdigkeiten auf dem Ruinenfeld von Memphis, das sich, die Pyramiden von Abu Sir im Rücken, nur wenige Kilometer südlich von Gizeh ausdehnt. Die Ruinen von Memphis sind die Überreste der ältesten Vorläuferin von Kairo, der «Waage der beiden Länder», wie die vor 5 000 Jahren gegründete erste Hauptstadt des vereinigten Ober- und Unterägypten genannt wurde. Davor zieht sich von den nördlichen Abu-Sir-Pyramiden bis zu den Pyramiden von Dashur im Süden über sieben Kilometer Länge die Nekropole von Memphis hin. Die nach dem heutigen Dörfchen Saqqara so benannte Totenstadt mit über 250 Grabstätten aus allen Epochen der ägyptischen Geschichte wird von der 60 Meter hohen Stufenpyramide des Djoser gekrönt, hinter der wenig später die elf Pyramiden von Dashur aufsteigen und die pyramidenreichste Landschaft der Erde im Süden beschließen.

Fayyum und Mittelägypten

Kaum vierzig Kilometer südlich der Pyramiden grünt der Fayyum inmitten der Wüste, der nach dem Nildelta zweitgrößte Garten Eden Ägyptens. Die blühende Landschaft wird von einem der ältesten Kanäle des Landes bewässert: dem Bahr Yussuf (Josef-Kanal), ursprünglich ein Seitenarm des Nils, der auf der Höhe von Beni Suef in den Fayyum abzweigt. Bereits auf Anordnung der alten Könige im Mittleren Reich (2040 bis 1650 v. Chr.) wurde sein Lauf eingedämmt und reguliert, und dergestalt hängt die Semioase noch heute an dieser sie unentwegt nährenden Nabelschnur.

Auf rund 4 000 Quadratkilometer sind Felder und Flure mit einem Netz von Kanälen durchzogen, in die der Bahr Yussuf sein Wasser verteilt, bis er 46 Meter unter dem Meeresspiegel in den Karun-See fließt, der den Fayyum zur Libyschen Wüste hin beschließt. Auf den vor Fruchtbarkeit strotzenden Böden wachsen die vielfältigsten Gemüsesorten, daneben prägen Baumwoll- und Dattelpalmenplantagen das Bild – Ägypten ist weltweit der viertgrößte Dattelproduzent –, im Zentrum blühen Obstgärten mit Orangen, Limonen und Feigen, und allüberall drehen sich die Schaufeln der Schöpfräder. Als typisches Bild sind die etwa 200 Schöpfräder, die bereits die Ptolemäer im 3. vorchristlichen Jahrhundert einführten, aus dem Fayyum gar nicht wegzudenken.

Die vier Wasserräder in der Provinzhauptstadt Medinet Fayyum im Herzen der Semioase zählen zu den beliebtesten Fotomotiven. Leider ist der Fayyum auch eine Hochburg der islamistischen Fundamentalisten, weshalb man als Ausländer die Region je nach aktueller politischer Lage entweder besuchen kann oder höflich, aber mit Nachdruck schon an den Einfallstraßen vom Militär zur Umkehr aufgefordert wird.

Nicht anders ist die Situation ab Beni Suef das gesamte Niltal stromaufwärts bis an die südliche Staatsgrenze, mit Ausnahme von Luxor und Assuan. Hinsichtlich der immer wieder aufflammenden Auseinandersetzungen zwischen militanten Islamisten und der Polizei muss in den mittelägyptischen Gebieten rund um Beni Suef, Minia, Mallawi, Assiut und Sohag mit erheblichen Beschränkungen gerechnet werden, von Reisen auf dem Straßenweg den Nil entlang wird sogar dringend abgeraten. Die bedeutenden historischen Stätten südlich der 500 000 Einwohner zählenden Universitäts- und Provinzhauptstadt Minia – beispielsweise Tell el Amarna, wo am Ostufer des Flusses die Reste der vom

Bilder rechts
- **Eselgespann in Medinet Fayyum**
- **Leben am Bahr-Yussuf-Kanal in Fayyum**
- **Wasserräder in der Semi-Oase Fayyum**

terra magica

«Ketzerpharao» Echnaton gegründeten Hauptstadt seines Sonnenreichs Achet-Aton im Wüstensand liegen – können nur mit militärischem Begleitschutz erreicht werden.

In Assiut, der drittgrößten ägyptischen Metropole und zugleich Epizentrum des islamistischen Terrorismus, werden ausländische Besucher gleich am Stadteingang vom Militär begrüßt. Sei es zu Fuß oder im Touristenauto, die geladenen Maschinengewehre der Polizisten sind immer dabei und begleiten einen diskret von einer Sehenswürdigkeit zur anderen. Und wie neben prachtvollen Minaretten viele Kirchtürme den Himmel von Assiut schmücken, so leben neben der Mehrheit der Muslime auch eine große Zahl Kopten in der Stadt. Doch die Spannungen und Auseinandersetzungen zwischen Christen und fanatischen Islamisten nehmen zu, weshalb Assiut von den Kopten im ganzen Land nur noch «Teheran am Nil» genannt wird.

Oberägypten

Gute 500 Kilometer Luftlinie südlich von Kairo beginnt die Region mit den großartigsten Hinterlassenschaften aus pharaonischer Zeit. Nirgends im Land konzentriert sich das alte Kulturerbe Ägyptens in solcher Fülle wie hier: außergewöhnlich gut erhaltene Tempel mit imponierenden Säulenhallen, riesigen Pharaostatuen und kunstvollen Reliefs sowie ausgedehnte Grabstätten alter ägyptischer Herrscher mit farbenprächtigen Malereien, geschmückt von Meisterwerken der Bildhauerkunst. Leider kann gleich eines der ersten und dazu schönsten in der langen Kette von Monumenten, die sich in Oberägypten stromaufwärts am Nil aneinander reihen, der Tempelbezirk von Abydos, aufgrund der Terrorismusgefahr nur unter erschwerten Bedingungen besichtigt werden.

Am Westufer des Nils südlich von Sohag liegt die berühmte Anlage von Abydos mit dem Tempel des Sethos I. und den wohl schönsten Reliefs ihrer Art in der ägyptischen Kunst. An diesem Ort, wo dem Mythos nach der mächtige Totengott Osiris zur Ruhe liegt, ließen sich Könige und Höflinge von Anfang des 3. Jahrtausends v. Chr. an prachtvolle Grabstätten errichten. Ebenfalls als nicht ungefährlich gilt

der Besuch der nicht weit entfernten, aus der Ptolemäerzeit herrührenden eleganten Tempelanlage von Dendera. Doch nachdem der Nil hier seine Neunzig-Grad-Volte vollführt hat, ist die Fahrt in südlicher Richtung auf Luxor zu für ausländische Gäste wieder relativ frei.

Unmittelbar am Ostufer des Nils streben bei Luxor hinter den am Fluss vertäuten Feluken und Kreuzfahrtschiffen die gewaltigen Säulen des Amun-Tempels von Karnak wie ein versteinerter Wald dem Himmel entgegen. Über 1700 Jahre lang wurde an diesem bedeutendsten Heiligtum des alten Ägypten gebaut und erweitert.

Und südlich, durch einen knapp drei Kilometer langen Boulevard mit dem Amun-Tempel verbunden, steigt der Luxor-Tempel in solch kolossalen Dimensionen auf, dass sich seine Besucher und sogar die mehrstöckigen Kreuzfahrtdampfer am Ufer wie Reisende aus dem Land Liliput ausnehmen. Gegenüber liegt auf der Westseite des Nils hinter dem Fruchtland Theben-West die Totenstadt sämtlicher Könige des Neuen Reichs. Eingebettet in schroffe Gebirgszüge, zählt die Tageswanderung von den Memnonkolossen und Tempeln zahlreicher Pharaonen über den in einen rötlichen Steilabfall hineinkomponierten Totentempel der Königin Hatschepsut in das berühmte Tal der Könige zu den Höhepunkten jeder Ägypten-Reise.

Von Luxor aus gleiten Kreuzfahrtschiffe nilaufwärts, vorbei an den Tempelbezirken von Edfu, Esna und Kom Ombo nach Assuan. Leider gilt auch hier der Weg über Land als gefährlich, und Touristen dürfen sich aus Sicherheitsgründen nur mit Begleitschutz bewegen. Zu diesem Zweck starten zu festgelegten Zeiten militärisch eskortierte Konvois mit Autos und Reisebussen nach Assuan. Graue Granitfelsen vor gelben Sanddünen, grünen Palmen und dem glitzernden Wasser des Nils bilden die zauberhafte Kulisse der südlichsten ägyptischen Stadt. Während hoch oben im Norden an der Mittelmeerküste im Winter gelegentlich noch ein paar Re-

Bilder rechts und nächste Doppelseite
• Linkes und rechtes Panorama des Hochdamm-Staudammes südlich von Assuan
• Assuan: Ruinen des Simeonklosters, Basar in der Stadt, Blick auf Insel Elephantine und Stadt

gengüsse die Erde benetzen, fällt hier kein Tropfen mehr vom Himmel.

Bei nachts empfindlicher Abkühlung brennt tagsüber erbarmungslos die Sonne und erwärmt die staubtrockene Luft auf bis zu 50 Grad Celsius. Weshalb man wohl annehmen darf, dass die «Queen of Crime», Agatha Christie, als sie im Old-Cataract-Hotel in der quirligen orientalischen Stadt ihre packende Geschichte vom *Tod auf dem Nil* schrieb, auch im wörtlichen Sinn über dem Manuskript schwitzte. Inmitten der sengenden Nubischen Wüste wurde hier der erste Assuan-Staudamm bereits von den Engländern errichtet. 1912 eingeweiht, regulierte er die Nilwasser schon durchaus eindrucksvoll, doch erst der südlichere, 1971 fertig gestellte neue Assuan-Hochdamm verwandelte Ägypten in ein von den Unbilden der Natur einigermaßen unabhängiges Land.

Im Staubecken zwischen den beiden Dämmen wogt ein Meer weißer Segel zwischen palmengeschmückten Inseln hin und her, von denen Kitchener Island und Elephantine mit einer üppig blühenden Vegetation vor der Wüstenszenerie wie Paradiesgärten wirken. Die legendäre Insel Philae gibt es dagegen nicht mehr. Bevor sie in den Nilfluten versank, wurden ihre herrlichen Tempelbauten allerdings in einer von der UNESCO finanzierten Rettungsaktion Stein für Stein abgetragen und auf der höher gelegenen Nachbarinsel Agilkia oder neues «Philae» bis 1980 wieder aufgebaut, so dass die «Perle von Assuan» auch weiterhin besucht werden kann.

Nubien

Seit pharaonischer Zeit besiedelten die dunkelhäutigen Nubier das trockene sonnenverbrannte Gebiet südlich von Esna nilaufwärts bis in den nördlichen Sudan hinein. Doch schon mit dem Bau des ersten Assuan-Staudamms wurden erhebliche Teile ihres Lands vom Wasser verschlungen, und mit der Errichtung des neuen Hochdamms ging das alte Nubien nach 1971 unwiederbringlich in den Fluten des Nasser-Sees unter. Für die rund 120 000 Menschen, die ihre Heimat verloren hatten, stampfte man hauptsächlich in der

Gegend von Kom Ombo moderne Siedlungen aus dem Wüstensand. Die in großen Familienverbänden lebenden Nubier fühlten sich jedoch in den quadratischen, praktisch am Reißbrett entworfenen Dörfern nicht wohl. Deshalb kehrte eine große Anzahl in die Umgebung ihrer alten Heimat zurück, nachdem sich die über 550 Kilometer langen Ufer des neuen Stausees gefestigt hatten.

Auch Abu Simbel, das südlichste und zugleich eines der großartigsten Denkmäler der altägyptischen Architektur, drohte im Nasser-See zu versinken. So rief die UNESCO die internationale Gemeinschaft zur Rettung der knapp 300 Kilometer südlich von Assuan gelegenen Tempel von Ramses II. und seiner Gemahlin Nefertari auf. Für insgesamt 40 Millionen Dollar wurden die beiden direkt über dem Wasser in einen steilen Felshang gemeißelten Monumente ab 1968 auf einen 64 Meter höheren Standort gehoben. Dazu schüttete man über Stahlbeton künstliche Hänge auf, die den ursprünglichen Felsen täuschend ähnlich sehen, zersägte die gesamte Anlage in 1 036 Blöcke und stellte sie am neuen Platz wieder auf. Seitdem sitzt Pharao Ramses in Gestalt von vier zwanzig Meter hoch aufragenden Skulpturen wieder auf seinem Thron und behütet den Eingang ins dunkle Innere seines Felstempels. Und auch Nefertari hat gleich nebenan ihren neuen alten, der altägyptischen Liebesgöttin Hathor geweihten Tempel wieder bezogen.

Die Libysche Wüste mit den Oasen Siwa, Bahariya, Farafra und Dakhla

Vom Mittelmeer bis zur sudanesischen Grenze breitet sich westlich des Nils die Libysche Wüste aus, auch «Westliche Wüste» genannt, die zu den trockensten Regionen der Erde zählt. Sandmeere und Wanderdünen, vom Wüstenwind glatt polierte gewaltige Tafelberge mit nahezu senkrecht hinabstürzenden Abbruchkanten, bizarre Kalksteinformationen und Oasen mit Schatten spendenden Dattelpalmenhainen prägen ihr Bild. Schon wenige Kilometer südlich der Mittelmeerküste weicht eine noch mit fahlem dürren Gestrüpp bedeckte Steppenlandschaft diesem unermesslichen Feuerozean aus Geröll und Sand, und allmäh-

Oase Siwa: Becken auf der Insel Fatnas

lich senkt sich die Oberfläche ab, um in der Qatara-Depression schließlich ein Niveau von bis zu 130 Meter unter dem Meeresspiegel zu erreichen.

Nur vereinzelt von Beduinen durchstreift, dehnt sich die hitzeflirrende Ödnis von Qatara beinahe 200 Kilometer nach Südwesten aus, wo auf einmal, einer Fata Morgana gleich, an ihren Südwestausläufern inmitten der unendlichen Abgeschiedenheit nahe der libyschen Staatsgrenze die Dattelpalmen der Oase Siwa auftauchen. Diese 80 Kilometer lange und über 20 Meter unter Normalnull gelegene Depression ist einer der heißesten Punkte der Erde – und sprudelt zugleich über vor Wasser.

Als es vor rund 250 000 Jahren über den Kalk- und Sandsteinböden der nordöstlichen Sahara noch kräftig regnete, sammelte sich das Nass im tiefen Gestein. Die darüber liegenden leichteren Steinschichten erodierten während der nachfolgenden Trockenperioden, wurden vom Wind zermahlen und als Sand fortgeblasen, so dass schrittweise im-

Bilder nächste Doppelseite
Impressionen in der Oase Siwa:
• Überblick mit Resten der Altstadt Shali
• Amun-Tempel, vormaleinst weltberühmt für sein Orakel
• hängende Palme am Ufer der Insel Fatnas

terra magica

mer tiefere Senken entstanden, in denen schließlich Wasser ans Licht trat. Und müssen in den anderen Oasen der Libyschen Wüste Brunnen und Pumpen ein wenig nachhelfen, quillt es in der Oase Siwa mit artesischem Druck sogar von ganz alleine hervor. Ungefähr 20 000 Einwohner leben heute in dieser tiefgrünen Bilderbuchoase mit Dattelpalmenwäldern und knorrigen Olivenhainen, Obst- und Gemüseplantagen und überall flachen, silberglitzernden Seen, in denen sich verwitterte Kalksteinkuppen spiegeln.

Auf einer der Kuppen kann man heute noch die Ruinen des Amun-Tempels bewundern, zu dem 336 v. Chr. Alexander der Große zog, um sich dort vor dem Amun-Orakel seinen Anspruch auf den ägyptischen Thron bestätigen zu lassen. 300 Kilometer zog dafür das Heer des makedonischen Herrschers von Alexandria aus durch die lebensfeindliche Wüste nach Siwa. Als der Karawane auf dem Weg das Wasser ausging – so erzählt es die Sage –, begann es plötzlich inmitten des gottvergessenen Sandmeers zu regnen, und als der Tross in einem Sandsturm die Orientierung verlor, wiesen Vögel den Weg. Im Verlauf der Zeit rückten die Menschen in der Oase, immer wieder durch räuberische Beduinen bedroht, in ihren Dörfern enger zusammen und umgaben sie mit hohen Festungsmauern.

Fortan wurde auf dem begrenzten Platz nicht mehr in die Weite, sondern bis zu acht Stockwerke in die Höhe gebaut, und zwar mit «Karshif», getrocknetem Salzschlamm, den man aus den Seen gewann. Da das stark mineralhaltige Wasser infolge der Lage unter dem Meeresspiegel nicht abfließen kann und deshalb in den Seen in der Hitze verdunstet, sind die Ufer so stark versalzen, dass die Erde im Grunde vom Salz zusammengehalten wird. 1926 verheerte ein Dauerregen (!) die vollkommen aus Karshif erbaute, uralte Ortschaft Shali, die buchstäblich dahinfloss und deren kuriose Ruinen auf einem Hügel heute die malerische Kulisse für den neuen Ort Siwa abgeben.

Infolge der Abgeschiedenheit der Oase hat sich die nach der arabischen Eroberung vor vielen Jahrhunderten aus dem Maghreb zugewanderte, auf Berber zurückgehende Bevölkerung bis in unsere Zeit ihre ursprüngliche Sprache bewahrt. Arabisch ist in Siwa mehrheitlich eine Fremdsprache, und für die vielen unbekannten Gemüsesorten, die mit der Fertigstellung der neuen Wüstenstraße in den 1980er Jahren in die Oase gelangten, fehlen noch heute die Wörter.

Die übrigen Oasen sind bereits seit den siebziger Jahren durch eine Asphaltstraße vom Nildelta aus miteinander verbunden. Von Kairo aus zieht das immer wieder von Sand zugewehte und von Wanderdünen blockierte holprige Asphaltband seine Bahn zu den südwestlichen Oasen Bahariya und Farafra, um über die südlichen grünen Flecken in der Wüste Dakhla und Kargha wieder einen Bogen nordwärts ins Nildelta nach Assiut zu schlagen. Insgesamt leben schätzungsweise 120 000 Menschen in den Oasen. Sämtliche besiedelten Wüstengebiete waren bereits in pharaonischen Zeiten bekannt. Alle werden von fossilem Grundwasser gespeist, das sich vormaleinst, als es in der Sahara noch regnete, im Tiefengestein sammelte.

Und alle Oasenbewohner leben im Wesentlichen vom Dattel- und Olivenanbau, außerdem von der Kultivierung von Getreide und Reis, Obst und Gemüse. Mit Hilfe modernster Technik werden die relativ gering unter der Oberfläche liegenden Wasserreservoirs im Rahmen des «New-Valley-Projekts» mittlerweile effektiver genutzt und viele Tausende Hektar neues Fruchtland gewonnen. Doch obwohl sich der Segen dieses groß angelegten Entwicklungsprojekts über die Oasen entlang der Senke in der Libyschen Wüste ergießt, scheint dort die Zeit seit Jahrhunderten stehen geblieben zu sein. Zwischen den Feldern liegen die ärmlichen Lehmziegelhütten der Ortschaften und kleinen Weiler verstreut, mit schattigen, blühenden Gärtchen, in denen eine muntere Vogelschar zwitschert.

Korbflechter, Teppichknüpfer und Töpfer stellen nach alter Sitte ihre Waren her, und mit vorsintflutlichen Gerätschaften werden die Felder beackert und auf Eselskarren die Ernte eingeholt. Eine vielköpfige Kinderschar hütet Ziegen und Schafe, während die Frauen selten ihre Häuser verlassen und Herdfeuer wie Traditionen behüten. Vor der Hitze am Tag wie den Sandstürmen und bitterkalten Nächten schützen sich die Männer mit Tüchern und Galabiyas, den bodenlangen weiten bequemen Kleidern, wie man sie überall in Ägypten sieht. Ihre Frauen tragen dagegen meist noch die über viele Jahrhunderte überlieferte Tracht. Als eine der schönsten gilt die Tracht in der Oase Bahariya, wo die

Begegnung in der Oase Bahariya

Frauen sich in rot bestickte schwarze Gewänder hüllen und sich dazu neben filigranen Arm- und Fußreifen mit einem goldenem Nasenring schmücken, an dem ein stattlicher Anhänger baumelt. Die stille Oase, in der zwischen lauschigen Palmenhainen zahlreiche heiße und kalte Quellen sprudeln, geriet 1999 in die Schlagzeilen, als hier ein Friedhof mit 105 Mumien aus der griechisch-römischen Epoche entdeckt wurde. Seit diesem großartigen archäologischen Fund ist Bahariya auch als das «Tal der Mumien» bekannt.

Im Westen der Oase erstreckt sich bis kurz vor die sudanesische Grenze das «Große Sandmeer», ein zu turmhohen Wellen aufgepeitschter Ozean aus Sand, dessen bis zu 100 Meter aufragende Dünenketten als Feuerlichter in der Wüste irisieren. Gegen Süden hin weichen sie allmählich sanfteren Wellenkämmen aus goldgelbem Sand und laufen schließlich in eine endlose öde Fläche aus, an deren Ende sich mächtig das über 1 100 Meter hohe wüste Gilf-Kebir-Plateau erhebt. Im Süden der Oase Bahariya schließt sich die

«Weiße Wüste» an, ein aus erodiertem Kalkstein geformtes Wundergebilde voll abenteuerlicher Skulpturen, die die Natur inmitten der Trostlosigkeit modellierte: mehrere Meter hohe pilzförmige Gebilde, Säulen, Fingerhüte, Zuckerhüte, Kegel und Dome, denen man mit ein bisschen Phantasie alle Gesichter der Welt verleihen kann. Erst auf die Oase Farafra zu, die kleinste und für ihre fröhlich bemalten Häuser bekannte Oase, schrumpft dieses grandiose Schöpfungstheater langsam dahin und weicht wieder dem unendlichen Wüstensand.

Abermals weiter im Süden ist die in 16 Ortschaften 80 000 Einwohner zählende Oase Dakhla nicht nur der größte unter den fruchtbaren Wüstenflecken, sondern wird allgemein auch als der landschaftlich schönste bezeichnet. Hinter den üppig grünenden Feldern und einem Meer aus wogenden Dattelpalmen schimmert im stets wechselnden Farbenspiel von rosa bis rot die Felskulisse des Steilhangs zur Senke, die Dakhla den Beinamen «Rosa Oase» verlieh.

Von hier ist es nicht mehr weit zur Oase Kharga. Sie ist die dem Niltal am nächsten gelegene Oase, was sich in vielerlei Beziehung bemerkbar macht. Moderne Häuser und Produktionsstätten bestimmen das Bild des 70 000 Einwohner zählenden Verwaltungszentrums, das seit 1988 von Qena aus auf dem Schienenweg erreichbar ist und sogar über einen eigenen Flughafen verfügt. Doch noch immer trennen die Kharga-Depression 200 Kilometer beschwerlich befahrbare Wüstenstraße vom mittelägyptischen Assiut. Nach dem letzten Dorf der Oase schraubt sich das dunkle Asphaltband den hohen Steilhang hinauf und führt dann, mit einem atemberaubenden Blick zurück, über eine endlose flache Geröllwüste zum Niltal zurück.

Bilder rechts und nächste beiden Doppelseiten
• **Impressionen in der Oase Farafra: Weiße Wüste bei der Oase, Lebensgrundlagen Schafzucht und Bewässerung**
• **Impressionen in der Oase Dakhla: Gasse, Gassentür und Altstadt von El-Kasr**
• **Weitere Begegnung in der Oase Dakhla: Mädchen und Frauen, Altstadt von Mut und Hotel nahe Mut, römisches Grab außen und innen (Mozawka)**

terra magica

Die Arabische Wüste und das Wasserparadies Hurghada

Östlich des Nils dehnt sich von Suez bis an die südliche Staatsgrenze die Arabische Wüste aus, darum auch «Östliche Wüste» genannt; ein zunächst eintöniges, von der Hitze versengtes fahles Land, das über Bergzüge von Sandstein und Kalkstein zum Roten Meer hin allmählich in eine bis zu 2 000 Meter hohe Gebirgsregion aufsteigt. Basalte, Granite und Diorite türmen sich zu von Trockentälern (Wadis), tiefen Schluchten und zerklüfteten Steilhängen durchzogenen, teils bizarren Kulissen auf. Unter den Strahlen der glühenden Sonne gibt das grandiose Naturtheater aus Tiefengestein seine Vorstellung in einem Spektrum von rötlichem Licht – weshalb man ihm einst die Bezeichnung «Rotes Land» verlieh, dem auch das Rote Meer seinen Namen verdankt.

Mal tritt diese faszinierende Gebirgswelt sehr dicht, mal wieder entfernter an die Rotmeerküste heran und stürzt schließlich abrupt gegen einen breiten Gürtel endlosen Wüstensands hin ab, der Felsmassive und Küstensaum voneinander trennt. Davor schillert in einem Farbenspiel von kristallklar über türkis bis ultramarin das Rote Meer, in das von Norden her der Golf von Suez einfließt.

Seit pharaonischer Zeit durchziehen Karawanenpfade vom Nil aus die Östliche Wüste, wo man ihre reichen Mineral- und Erzvorkommen ausbeutete und in die Städte abtransportierte. Ansonsten war dieses grenzenlos spröde verbrannte Land noch bis in die jüngste Vergangenheit nahezu menschenleer. Nur wenige Einsiedler taten es den «Wüstenheiligen» im alten Ägypten gleich und behausten in dem unzugänglichen Land abgelegene Grotten und Höhlen, um sich dort in Gebet und Askese ihren Göttern zu nähern. Während der Christenverfolgung unter der Herrschaft des römischen Kaisers Diokletian Ende des 3. Jahrhunderts suchten dann eine ganze Schar gläubiger Männer den Weg in die Einsamkeit der Östlichen Wüste. Sie sammelten sich um den «Vater aller christlichen Eremiten», den heiligen Antonius, der dort nicht weit entfernt vom Golf von Suez in einer Höhle 300 Meter oberhalb des heutigen Antoniusklosters lebte.

1 300 neu gebaute Stufen führen mittlerweile zu seinem vielbesuchten Grab hinauf. Bei einer schönen Sicht auf die Bergwelt ringsum fällt der Blick talwärts auf die von hohen Wehrmauern umringten Kirchtürme, Wohn- und Wirtschaftsgebäude der Wüstenabtei, welche die Anhänger des heiligen Antonius nach seinem Tod (er wurde gesegnete 105 Jahre alt) im 4. Jahrhundert gründeten. Gegen Ende des 15. Jahrhunderts wurde das Kloster von Beduinen gestürmt, geplündert und verheert, weshalb die heute vorhandenen Bauten bis auf wenige Ausnahmen aus der Zeit nach der Zerstörung stammen. Und noch vor kurzem konnte man über die mächtigen Schutzmauern nur mit Hilfe einer Art Flaschenzuglift ins Klosterinnere gelangen.

Die zweite kulturelle Attraktion in der Arabischen Wüste ist das keine 30 Kilometer Luftlinie entfernt in einem Trockental des Wüstengebirges gelegene Pauluskloster. Seine Anfänge im 5. Jahrhundert gehen auf den Einsiedler Paulus von Theben zurück, über dessen Grab vermutlich um das Jahr 470 erste Klosterbauten errichtet wurden. Immer im Juni pilgern tagtäglich bis zu 600 gottesfürchtige Menschen zur Höhlenkirche mit dem Grabmal des Eremiten. Doch wählen gewiss nur noch wenige den langen beschwerlichen Marsch durch die Wüste, sondern nehmen lieber die Küstenstraße am Roten Meer, von der eine Stichstraße ins Gebirge zum Pauluskloster abzweigt.

Vor dem eindrucksvollen Bergpanorama zieht sich die Küstenstraße von der Kanalstadt Suez südwärts durch einen bis zu 40 Kilometer breiten Sandgürtel der gesamten ägyptischen Küste entlang. Und wo die Natur dem Land nur einen spärlichen, fahlgelben Anstrich verlieh, macht sie es in der Unterwasserwelt um so mehr wett. Dem gesamten Rotmeersaum sind die farbenprächtigsten Korallenriffe mit exotischen, bunt leuchtenden Fischen vorgelagert. Die Wassertemperaturen sinken nie unter 20 Grad, was neben absolut sauberem, nährstoffarmem Wasser eine lebenswichtige Voraussetzung für das Gedeihen von Korallen ist. Ein Schnorchel- und Tauchparadies, das in der Welt seinesgleichen sucht!

Noch bis Ende der 1980er Jahre kannte diese wunderbare Wasserwelt nur einen Namen: Hurghada. Da sich der Urlaub am Roten Meer jedoch immer größerer Beliebtheit

Hurghada von oben – Panorama linke Seite

erfreut, sind unterdessen eine ganze Reihe weiterer Ferienoasen aus dem Wüstenboden gewachsen: Nördlich von Hurghada liegt das funkelnagelneue, auf künstlichen Lagunen im phantasievollen orientalischen Stil errichtete Feriendomizil El Gouna, weiter südlich dann die um zahlreiche Feriensiedlungen erweiterten ehemaligen Fischerflecken Safaga, Quseir und Marsa Alam. Sie alle sind von herrlichen Traumstränden und Korallenriffen umgeben und zählen darüber hinaus zu den windsichersten Gebieten der Welt, was sie nicht nur zu einem Anziehungspunkt für Sonnenanbeter, Schwimmer und Taucher, sondern auch für Surfer macht.

Nach wie vor ist aber Hurghada der größte und am meisten besuchte Urlaubsort an der ägyptischen Rotmeerküste, zumal er einen internationalen Flughafen besitzt und landschaftlich einmalig schön gelegen ist. Im Westen ragt eine urtümlich gezackte Bergwelt in den Himmel hinauf und östlich funkelt smaragdfarben das Meer, in dem zahlreiche Korallenriffe und Inselchen liegen. So nahm die Gründung britischer Ölforscher um die Wende zum 20. Jahrhundert ihre rasante Entwicklung zum weltweit bekanntesten

ägyptischen Badeort. Über 30 Kilometer zieht sich die 60 000 Menschen zählende Stadt an der Küste entlang. Beinahe 40 000 Betten bieten die Einwohner, die fast ausnahmslos vom Tourismus leben, ihren Gästen an.

Neben Hotels und palmengeschmückten Apartmentanlagen prägen Restaurants, Bars und Diskotheken sowie «orientalische» Cafés und eine endlose Kette von Souvenirshops die Atmosphäre in der Stadt. Mit dem wirklichen Ägypten hat Hurghada nur wenig zu tun, aber immerhin darf frau hier – anders als an der überwiegend von Einheimischen besuchten Mittelmeerküste – Bikini tragen. Und wer die halt doch überall sichtbare Künstlichkeit Hurghadas aus seiner Wahrnehmung verbannt, freut sich um so mehr an dem im Sonnenlicht funkelnden, glitzernden Roten Meer, aus dem jeden Morgen seit undenklichen Zeiten der rot glühende Feuerball steigt.

Bild nächste Doppelseite
Nach so vielen Wüsten- und Oasenszenen ein
Vollwasserbild: Einheimische Bootsleute beraten Touristen
einer Motoryacht vor den Gifton-Inseln bei Hurghada

Der Sinai

Sandwüsten und eine majestätische Hochgebirgswelt, deren höchste Gipfel über 2 600 Meter über dem Meeresspiegel erreichen, haben der Landbrücke zwischen Afrika und Asien ihr spektakuläres Aussehen verliehen. Wie ein Keil zwängt sich die dreieckige Halbinsel am Grabenbruch des Roten Meers zwischen die beiden Kontinente; im Norden vom Mittelmeer umspült, westlich vom Golf von Suez und östlich dem Golf von Aqaba, die an der Südspitze des Sinais ins Rote Meer übergehen. Hinter der breiten Mittelmeerküste dehnt sich im Norden eine dünengewellte Wüstensteppe aus, die bald einer verkarsteten, unwirtlichen Kalk- und Sandstein-Geröllfläche weicht. Allmählich hebt sich das Land und wächst über Hügelketten im südlichen Drittel der Halbinsel zu einem im Licht der aufgehenden Sonne rot glühenden Felsengebirge empor.

Steile Schluchten mit senkrechten, von dunklen Lavaadern durchzogenen Wänden schmücken diese schroffe, von Sandstaub bedeckte Welt zwischen Himmel und Erde, deren Tiefengesteine je nach Tageslicht mal rosarot oder rostfarben und dann wieder in tiefem Purpur schimmern. Zwischen Dezember und März tragen die höchsten Bergspitzen sogar ein weißes Kleid. Es fällt Schnee in den Hochlagen des Sinai. Auf die tiefer gelegenen Regionen gehen in dieser Zeit sporadische, aber um so heftigere Regenfälle nieder, welche die ausgetrockneten Flusstäler in rauschende Bäche verwandeln. Doch schnell versickert das Wasser in den kargen durstigen Böden, während die von oben herab brennende Sonne auch noch die letzten Tropfen in Dunst auflöst.

Am Golf von Aqaba reicht das hier beinahe senkrecht abfallende Sinai-Massiv größtenteils bis unmittelbar an die Küste heran. Unter Wasser setzt es sich hinter einem sehr schmalen Schelfsockel in oft kerzengerade in die Tiefe führenden Steilabfällen fort – fast über die gesamte Küstenlänge hinweg von einzigartigen Saumriffen umrahmt. Im kristallklaren Wasser liegen an der Südspitze des Sinai die schönsten Korallenriffe der Welt, sagen viele, auf jeden Fall gehören sie zu den nördlichsten weltweit. Da das Rote Meer so gut wie über keine Süßwasserzuflüsse verfügt und auf dem Sinai Flüsse gänzlich fehlen, ist das Algenwachstum begrenzt, was zur Freude der Taucher zu einer großen Unterwassersichtweite führt.

An der südlichen Keilspitze des Sinai schießen die bunten «Blumentiere», wie man Korallen auch nennt, rund um die kleine Landzunge Ras Muhammad zu einem wahrhaften Unterwasserdschungel auf. Durch einen streckenweise nur 700 Meter breiten Damm ist Ras Muhammad mit dem Sinai verbunden und bricht dergestalt gewissermaßen die Lanze für die Teilung des Roten Meers in die Golfs von Suez und Aqaba. Das Halbinselchen selbst ist nichts anderes als eine abgestorbene, fossile Korallenbank und dabei von jüngeren, in farbenprächtiger Vielfalt blühenden Riffs umgeben. Mehr als 250 Korallenarten hat man rund um die fischreiche Landzunge gezählt. Seit 1988 sind sie nach UNESCO-Kriterien unter strengen Schutz gestellt: Ras Muhammad ist der erste Nationalpark Ägyptens.

Nördlich der Landzunge liegt am Golf von Aqaba in einer malerischen Bucht die südlichste Sinaisiedlung, ein ehemaliges Beduinendörfchen und heute – wen mag das wundern? – einer der weltweit beliebtesten Taucherorte: Sharm el Sheikh. Über einen internationalen Flughafen können Unterwassersportler aus aller Herren Länder direkten Kurs auf den 4 000-Einwohner-Ort nehmen. Wo oben auf einem Kliff an der Nordseite der Bucht die Israelis während der Besatzung eine erste Touristenbasis einrichteten und unten der Strand nur aus ein paar Tankstellen, Buden und Wellblechhütten bestand, zwischen denen sich Globetrotter und Rucksackreisende trafen, breitet sich heute ein Meer von Hotels und Apartmentanlagen aus.

Die gesamte Bucht von Sharm el Sheikh mit dem klangvollen Namen «Naama Bay» wurde mit Unterkünften der unterschiedlichsten Art, Bars und Restaurants, Pizzerien und Fastfoodlokalen, «orientalischen» Stuben wie Hardrockcafés, Supermärkten, Boutiquen und Souvenirshops zugebaut. Golfen, Baden, Schnorcheln, Surfen, Wasserski und natür-

Bilder rechts
Impressionen in Sharm el Sheikh:
Taubenhaus, Sharm-el-Sheikh-Bucht,
am Strand in Naama Bay

lich Tauchen sind angesagt. Mit Naama Bay begann auf dem Sinai ab 1990 der große Tourismus.

Von Sharm el Sheikh führt die noch von den Israelis erbaute Straße durch atemberaubende Bergformationen hoch über dem Golf von Aqaba nach Norden zum goldgelben Sandstrand von Dahab. «Gold» lautet der Name dieses auf Schwemmland gebauten und von Korallenriffen gesäumten, ehemals winzigen Fleckens (Dahab = arab. Gold), den im Hintergrund eine hinreißende Gebirgskulisse krönt. Wie Sharm el Sheikh erfreut sich auch Dahab ständig zunehmender Beliebtheit, doch ist der Wüstensand hier noch nicht vollständig Pflastersteinen und künstlichem Rasen gewichen.

Keine Stunde Fußweg vom touristischen Zentrum entfernt laden die Muzeina-Beduinen Besucher mit kleinem Geldbeutel in ihr Dorf El Assalah ein – mittlerweile der ausgesprochene Treff für nicht so Begüterte auf dem Sinai. Und haben die Beduinen den finanzschwachen Weltenbummlern noch bis vor kurzem Pappe und Sperrholz vermietet, damit sie sich im Eigenbau ein notdürftiges Dach über dem Kopf zimmern können, sind diese behelfsmäßigen Lager inzwischen Camps aus Stein- und Betonhütten gewichen, die man bei großen Reiseveranstaltern sogar über Katalog buchen kann.

Ebenfalls ursprünglich nur aus Brettern, Kartons und Wellblech zusammengeschustert waren die Hütten des Beduinendorfs El Sayadin zirka 40 Kilometer nördlich von Dahab – eine Art Urtyp einer festen Beduinenansiedlung. Von den schätzungsweise 170 000 nomadisierenden Wüstenbewohnern, denen der Sinai seit Jahrtausenden eine Heimat ist, haben sich in der jüngsten Vergangenheit fast ein Drittel niedergelassen und ihre Ziegenfellbehausungen gegen kleine Natursteindomizile mit TV und Kühlschrank getauscht, die sie mit Hilfe einer Beschäftigung in den Sinai-Bergwerken, auf den Ölfeldern am Golf von Suez oder im boomenden Tourismus finanzieren. Neben El Sayadin, heute «El Sayadin Village» genannt, wo die Israelis erste touristische

Bilder nächste Doppelseite
Im Weißen Canyon nahe der Oase
Ain Hudra, hoch zu Kamel bei Dahab

terra magica

Anlagen errichteten, dehnt sich mit einem 1984 erbauten Hafen der viel besuchte Badeort Nuweiba City aus.

Zwischen den Hotels und Urlaubsresorts legen Fährschiffe nach Aqaba ab. Und wie im Westen hinter dem schönen Sandstrand mächtige Granitmassive in den Himmel ragen, scheint am anderen Ufer des Meers auch die Silhouette der Bergwelt Saudi-Arabiens nur einen Steinwurf entfernt. Darüber hinaus gilt Nuweiba als ein phantastischer Ausgangspunkt für Kamel- und Jeeptouren zu den schönsten Plätzen des Ostsinai. Beispielsweise zum Coloured Canyon nordöstlich der Ortschaft, wo Wind und Verwitterung mit ihrer unendlichen Kraft ein abenteuerliches Naturschauspiel formten. In allen Schattierungen leuchten die lotrechten Felswände der Schlucht, in der die Natur solch ausdrucksvolle Gemälde schuf, dass sich diese Felsschlucht durchaus mit ihrem größeren Verwandten, dem Grand Canyon in den USA, messen kann.

Doch nicht nur für Taucher, Wüstenfahrer und Naturliebhaber ist der Sinai ein Wallfahrtsort, er ist zugleich auch der Schmelzpunkt der drei großen, mosaischen Weltreligionen: Judentum, Christentum und Islam. Im Jahr 640 durchzog Feldherr Amr Ibn al As mit seinem arabischen Heer die Landbrücke zwischen Asien und Afrika und brachte Ägypten 642 den gerade 20 Jahre jungen Islam. Jahrhunderte und gar Jahrtausende älter sind das christliche und das jüdische Glaubensbekenntnis, dessen Anhänger den Sinai in biblischen Zeiten als «große und schreckliche Wildnis» bezeichneten. Durch diese führte Moses die Kinder Israel aus der ägyptischen Gefangenschaft ins gelobte Land. Und kaum etwas hat den Sinai bekannter gemacht: Für die dürstenden israelitischen Auswanderer wurde hier aus dem Stein Wasser geschlagen, es fielen Tauben und Manna vom Himmel herab und Moses stieg auf den Berg Sinai, auf dem er unter mächtigem Blitzen und Donnerschlag die Gesetzestafeln mit den zehn Geboten empfing.

Bilder rechts
- **Im Coloured Canyon – der Farbigen Schlucht**
- **Straße nahe Nuweiba zum Coloured Canyon**
- **Beduinenheim mit landesüblichem Haustier davor, im Coloured Canyon**

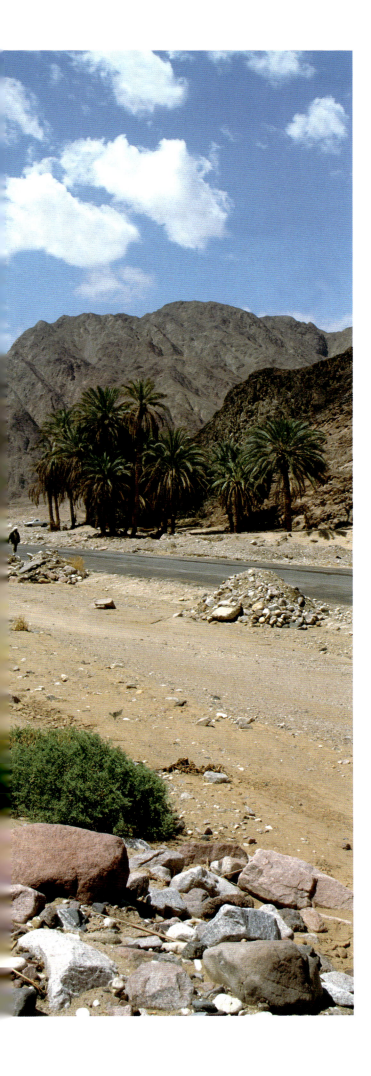

Darüber, wo genau der Treck der Israeliter entlang ging, streiten die Historiker noch, und ebenso viele «Spitzen»-Theorien existieren bezüglich des Rätsels, welches wohl der wahre Berg Sinai sei. Auf dem Sinai kämen allein 20 Gipfel in Frage.

Wahrscheinlich zog das Volk Israel vom Golf von Suez aus durch den Wadi Feiran. Und allemal ist dieser bis heute der landschaftlich eindrucksvollste Weg für Fahrten durch das Sinai-Hochgebirge. Eine Straße führt zwischen den Orten Abu Rudeis und Abu Durba an der Suez-Golfküste mit dem Zielort Nuweiba am Golf von Aqaba ins Gebirge hinauf. Als Fundament für den Asphalt dient größtenteils das Feiran-Wadi-Bett, das sich im Winter bei starken Regenfällen allerdings in reißendes Wildwasser verwandelt und mit schöner Regelmäßigkeit die teure Straße in die Wüste befördert. Nur 40 Kilometer Luftlinie trennen die Golfküste von einem der ersten «Höhe»-Punkte des Sinai, der Oase Feiran. Zu Füßen des 2 079 Meter hohen, zerklüfteten Gebel Serbal zieht sich diese von Palmen und Tamarisken geschmückte «Perle des Sinai», in der etwa 1 000 Menschen verstreut in Lehmhütten wohnen, als grüner Streifen durch das lange schmale Tal. Keine 60 Kilometer weiter erhebt sich mit mächtigen Mauern das berühmte Katharinenkloster.

An der Stelle des brennenden Dornbuschs, wo sich Gott Moses offenbart haben soll, direkt an der einzigen Quelle in dem engen Tal, wo schon im 4. Jahrhundert christliche Einsiedler lebten, gründete Kaiser Justinian im Jahre 527 vor der Felskulisse des Mosesbergs in 1 570 Meter Höhe die Wüstenabtei. Wie das Antoniuskloster in der Arabischen Wüste wurde auch das Katharinenkloster nach zahlreichen Überfällen mit 15 Meter hohen Granitmauern zu einer trutzigen Festung ausgebaut und war lange Zeit nur über einen Flaschenzuglift zugänglich. Seit dem 19. Jahrhundert öffnet sich eine schmale niedrige Tür in der Klosterumwallung. Der Rollenzug wurde nicht mehr gebraucht und ist unterdessen – restauriert – ein vielfach bewundertes Museumsstück.

30 Mönche leben heute in der griechisch-orthodoxen Katharinenabtei. Sie hüten die stolze Zahl von 3 500 bis heute unveröffentlichten frühchristlichen Manuskripten und die neben dem Vatikan wertvollste Sammlung frühbyzantinischer Ikonen. Die zahlreichen Besucher des Katharinenklosters dürfen lediglich die schöne dreischiffige Basilika, den Brunnen und an der Rückseite der Kapelle den Nachzögling des brennenden Dornbuschs bestaunen. Die restlichen Klostergemäuer sind nur griechisch-orthodoxen Christen zugänglich.

Um so mehr streben die anderen dem Gipfel aller Gipfel auf dem Sinai entgegen. Ein zweistündiger schweißtreibender Aufstieg führt vom Katharinenkloster aus auf den 2 285 Meter hohen Mosesberg hinauf. Dort soll der Prophet die göttlichen Gesetzestafeln in Empfang genommen haben, *während am ersten Tag des dritten Monats nach dem Auszug der Kinder Israel aus dem Ägyptenland seine Anhänger sich dort in der Wüste lagerten gegenüber dem Berge.* So steht es in der Bibel im Zweiten Buch Mose. Und auch den Moslems ist der Berg Moses ein heiliger Ort, da dem Glaube nach Mohammeds Pferd Buraq bei seiner Himmelsreise ihn als letzte Stufe zum Himmel berührte.

Oben auf dem Gipfelplateau stehen heute in Frieden vereint eine kleine Basilika und eine kleine Moschee. In aller Ruhe lassen sie die Scharen an Gipfelstürmern an sich vorüber ziehen, die im Morgengrauen keuchend die Bergspitze erklimmen, um vom Mosesberg aus das berauschende Sonnenaufgangsspektakel zu feiern. Mit dem Erwachen der Morgenröte taucht die schroffe Gebirgswelt des Sinai in eine gewaltige Komposition von Farbkaskaden und Schat-

Bild rechts
Wohnhaus in der Oase Feiran

Seiten 64 bis 67
Impressionen um das Katharinenkloster:
• Ruhe vor dem Aufstieg auf 1 570 Meter
• auf dem Eliasplateau
• auf dem Mosespfad zum Eliastor
• Kapelle der Dreifaltigkeit auf dem Berg Sinai

Doppelseite 68/69
Das Katharinenkloster, gegründet 527:
• Basilika der Verklärung im Kloster
• die Klosteranlage

terra magica

terra magica

tenrissen ein, und inmitten der zackigen, rot glühenden Bergkronen liegt einem die ganze Erde scheinbar zu Füßen.

Pflanzen und Tiere

In dem Land, das sich mit 62 Millionen Einwohnern auf 55 000 Quadratkilometer fruchtbarer Erde zusammendrängt, sind die Wildtiere fast vollkommen an den Rand gedrängt. Von den in pharaonischen Zeiten noch vielmals auf Reliefs und Wandgemälden verewigten und in Hieroglyphen symbolisierten Spezies existieren sogar viele nicht mehr. So ist der Alptraum der altägyptischen Fischer und Segler, das Nilpferd, vollkommen verschwunden, das letzte Exemplar wurde 1817 erlegt.

Und auch das Sinnbild der alten Gottheit Thot mit schmalem, elegant gebogenen Schnabel, den Ibis, sieht man in den Nilsümpfen nicht mehr. Selbst der Falke, der die ägyptische Nationalfahne schmückt und im gesamten arabischen Raum als Inbegriff der Macht angesehen wird, ist vom Aussterben bedroht. Löwen gibt es ebenfalls keine mehr. Dafür durchstreifen die trockenen Wüstengebiete an der Grenze zum Fruchtland Hyänen und Goldschakale, letztere das Sinnbild des altägyptischen Totengottes Anubis.

Aus einer Kreuzung von Goldschakalen und Hunden gingen die halbwilden ägyptischen Hunde hervor, die heute überall gemütlich über die Dorfstraßen spazieren. Auch Eseln begegnet man auf allen Wegen, und Wasserbüffel kühlen sich in den von dornigen Akazien gesäumten Kanälen des Fruchtlands. Rund 80 Prozent der Kanäle sind mittlerweile von der aus Südamerika stammenden, in hübschem Blau blühenden Wasserhyazinthe verstopft. Dagegen kommt der Lotos, einst das Wahrzeichen des alten Oberägypten, nur noch vereinzelt im Fayyum und im Delta vor. Das Wappenzeichen des alten Unterägypten, die Papyruspflanze, die einst auf weiten Flächen im Delta gedieh, war sogar vollends verschwunden und wurde erst vor kurzem im Südsudan wiedergefunden und von Neuem in Ägypten angesiedelt.

Bild links
In einer Verengung des Wadi Arada (Sinai)

Monokulturen von Baumwolle und Getreide prägen im Delta das Bild, außerdem werden auf den weiten, von Palmen und Eukalyptus gesäumten Feldern Reis, Zuckerrohr, Bohnen und andere Gemüsesorten angebaut. Durch die Schilfgürtel staksen mit puterrotem Schnabel die blaugefiederten Purpurhühner. Schwärme von Kuhreihern, Enten und Wildgänsen, Sperlingen, Raben, Geiern und Milanen gehen auf die Jagd nach Insekten und allerlei anderem Getier, unter dem sich besonders die Nagetiere explosionsartig vermehren. Weitere Plagegeister verbergen sich gern hinter Steinen, im Sand und in Mauern: in der Wüste die Hornviper und auf den Feldern vor allem nachts die außerordentlich giftige Speikobra, wogegen Skorpione Stein- oder Mauerritzen bevorzugen.

An Nutztieren werden von den Fellachen Esel, Ziegen, Schafe und Federvieh sowie Dromedare und Kamele gehalten, die allesamt, wenn sie ausgedient haben, die Speisekarte bereichern. Vor allem die bedürfnislosen höckrigen Wüstenschiffe sind, allmählich durch Benzinmotoren verdrängt, wertvolle Fleischlieferanten, ebenso wie die Tauben, die in oft mehrere Meter hohen Taubentürmen gehalten werden.

In den Oasen der Libyschen Wüste wie am Nil ist die Dattelpalme die Königin aller Bäume; man kultivierte sie dort in rund 40 verschiedenen Sorten. Am Ufer schnappt der Nilwaran, der eine beachtliche Größe erreichen kann, Frösche, Fische und mit besonderer Vorliebe Babykrokodile. Aufgrund der Nachfrage nach Krokodilleder war das Nilkrokodil lange arg dezimiert, konnte sich aber im südlichen Nasser-See mittlerweile wieder erholen, wo es einigermaßen in Ruhe gelassen wird. Indes sind die Fischbestände seit dem Bau des neuen Assuan-Staudamms dramatisch zurückgegangen. Selbst der schon von den alten Ägyptern gern verzehrte Nilbarsch ist selten geworden, und nur der am schlammigen Flussboden lebende Katzenwels kann sich in dem sauerstoffarmen verschmutzten Wasser noch ausreichend vermehren.

Auch die farbenprächtigen Korallenriffe an der Küste des Roten Meeres wie der Süd- und Ostküste des Sinai sind bedroht. Die hochkomplexen submarinen Märchenwelten gehören zu den artenreichsten und zugleich kompliziertes-

Büffel im Baumschatten

ten Ökosystemen der Unterwasserwelt. Seit der Eröffnung des Suezkanals werden sie vermehrt durch Verklappung von Öl und Industriemüll vergiftet und neuerdings auch durch den zunehmenden Tauchtourismus ruiniert. Nicht nur, dass achtlose Taucher die zauberhaften Wasserbewohner absägen und in Tüten als Trophäen nach Hause tragen, eine große Gefahr für die Korallenriffe stellen vor allem die vielen Tauchboote dar, deren Anker wie Abrissbirnen wirken.

Bild links
Pflanzen setzen auch in Sand und Wüste
ihren Lebenswillen durch – wie hier im Wadi Arada

Andererseits bringt der Fremdenverkehr nach den Überweisungen der ägyptischen Gastarbeiter als zweitwichtigste Quelle Devisen in das – in den bewohnbaren, fruchtbaren Landstreifen beidseits des Nils – überbevölkerte Land, in dem viele Millionen Mäuler mit dem gestopft werden müssen, was die Felder des Fruchtlands hergeben. Hier wartet ein riesiges Heer bitter armer Arbeitsloser darauf, vielleicht ein paar Piaster als Fremdenführer, Kellner oder Tauchlehrer, Zimmermädchen, Strandwärter oder Bauchladenbesitzer nach Hause zu bringen. Und so bleibt die Frage: Wie kann man vor dem menschlichen Elend der Not der Natur Rechnung tragen?

5 000 Jahre geschriebene Geschichte

Das vordynastische Ägypten

Es gibt kein anderes Land auf der Welt, das wie Ägypten auf eine fortlaufende Geschichtsschreibung von über 5 000 Jahren zurückblicken kann. Mehr als 1 000 Jahre trennen uns von der Kaiserkrönung Ottos des Großen in Rom, bis zu Christi Geburt gehen wir gute 2 000 Jahre in der Zeitrechnung zurück und weitere 500 Jahre zu Buddha, Konfuzius und Sokrates, und dann haben wir nur die Hälfte des Zeitraums durchmessen, der uns zum Aufblühen jener unvergleichlichen reichen Kultur im Nilland führt.

Schon in der Altsteinzeit vor 250 000 Jahren waren die Regionen des nordöstlichen Afrikas besiedelt. Während Europa unter einer dicken Eisdecke lag, durchstreiften Jäger und Sammler das blühende feuchtheiße Niltal und die sich anschließenden sattgrünen Graslande – dort, wo sich heute schier uferlos ein lebensfeindliches Sand- und Gesteinsmeer ausdehnt. Infolge eines klimatischen und geologischen Wandels vor rund 25 000 Jahren breitete sich allmählich die Wüste aus, und auf den verbliebenen fruchtbaren Flächen mussten die Menschen nach und nach näher zusammenrücken. So wurde das Niltal zum Ausgangspunkt für das Entstehen erster sozialer Gemeinschaften. Die älteste bekannte Siedlung der Welt, die etwa 100 Kilometer südlich von Abu Simbel aus dem Wüstensand gegraben wurde, datiert auf die Zeit von 10 000 v. Chr.

Durch weite Wüstengürtel westlich und östlich des Nils gleichermaßen eingeengt wie geschützt und abgeschirmt, trug der Nil mit seinen Überflutungen alljährlich zwischen Juli und Oktober wertvollen Schlamm aus Innerafrika heran und schenkte dem Land zusammen mit der Sonne unermessliche Fruchtbarkeit. Doch die Menschen mussten sie für ihr Überleben zu nutzen verstehen. Denn wie die Sonne die Pflanzen zum Leben erweckt, verdorren sie in ihrer unerbittlichen Glut, und der Fluss, der den fruchtbaren Boden bringt, lässt mit dem Rückzug der Flut nichts als Morast und Verwüstung zurück. Bewässerungskanäle mussten gezogen und nach der Überschwemmung innerhalb kürzester Zeit wieder freigelegt werden, und die Felder wurden neu angelegt und bebaut, damit die nächste Ernte gesichert war.

Solche gewaltigen Kraftakte konnte niemand alleine vollbringen, besser war, man tat sich zusammen – und für die erfolgreiche Zusammenarbeit vieler bedurfte es einer effizienten Organisation. Dies sowie die natürliche Begrenzung des kultivierbaren Lands – im Norden die Mittelmeerküste, die Wüste links und rechts des Nils und im Süden die Nilkatarakte – führten schon sehr früh zu einem geordneten Gesellschaftswesen und zu einer in der Welt einmaligen, geschlossenen Kulturentwicklung. Bereits um 5000 v. Chr. haben sich dörfliche Gemeinschaften entwickelt, bald darauf entstehen größere soziale Verbände, dann von Kleinfürsten regierte Regionen und schließlich Königreiche.

Zwei solcher Großreiche existieren bereits um das Jahr 3000 v. Chr.: Unterägypten – es umfasst das gesamte Nildelta mit der Hauptstadt Buto und der roten Krone als Herrschaftszeichen (rot wie der Nilschlamm) und Oberägypten, das sich von Memphis nahe Kairo nach Süden bis zum ersten Nilkatarakt bei Assuan erstreckt und die weiße Krone (weiß wie der Wüstensand) als Zeichen der Herrschaft führt. Mit der Vereinigung dieser beiden Königreiche beginnt die Geschichtsschreibung Ägyptens.

Die Frühzeit (1. und 2. Dynastie; etwa 2900 (3030?) bis 2620 v. Chr.)

Welcher Herrscher nun genau die Reichseinigung vollzieht, ist bis heute nicht hundertprozentig gewiss, es werden die beiden oberägyptischen Könige Narmer und Aha (um 2900 bis 2870) genannt. Aha lässt sich bereits mit der Doppelkrone Ober- und Unterägyptens abbilden, nennt sich Herr beider Länder und führt die Symbole beider Königreiche im Wappen, den Lotos für Oberägypten und den Papyrus für Unterägypten, die sich fortan in den Darstellun-

**Der Stein von Rosetta zeigt ein
Dekret in hieroglyphischer,
demotischer und griechischer Schrift**

Die bildhafte, geheimnisvolle Hieroglyphenschrift ist schon seit etwa 3400 v. Chr. im Gebrauch und ermöglicht die Ausübung staatlicher Macht auch über große Entfernungen hinweg. Dank der zahllosen in Stein verewigten Inschriften von Königen und hohen Beamten und der vielen Papyri mit religiöser Literatur, Berichten aus dem Alltagsleben und wissenschaftlichen Aufzeichnungen lässt sich das Leben im alten Ägypten heute bis in kleinste Details nachvollziehen.

Neben der Verwaltung von Staat und Beamtentum, Land und Arbeit ist der Monarch im neu gegründeten Reich – der Begriff Pharao kommt erst knapp 1 000 Jahre später auf – außerdem für die glückliche Beziehung seiner Untertanen zu ihren unter- und überirdischen Gottheiten zuständig. Das Königtum steht im Mittelpunkt der ägyptischen, göttlichen Weltordnung. Denn wo die Naturgewalten der Sonne und der Flut einmal segensreich wirken und dann wieder mit aller Kraft zerstörerisch walten und so auf Gedeih und Verderb den Lebensrhythmus der Menschen bestimmen, braucht es für das eigene Wohlergehen einen Mittler zwischen Himmel und Erde. Bereits 2900 v. Chr. (als Ägypten sich über ein Gebiet vom heutigen Edfu bis ins Nildelta erstreckt) herrscht der König als Stellvertreter des falkengesichtigen Himmelsgottes Horus über das Land, und sein würdiger, solcher gottähnlichen höchsten Stellung angemessene Amtssitz ist der Horus-Thron.

Religiöse Streitfragen, politische Wirren und kriegerische Auseinandersetzungen begleiten den Ausbau und die Konsolidierung des Reichs während der ersten beiden Dynastien, in deren Zeit eine der epochalen Errungenschaften der Menschheit fällt: Schon um 2770 v. Chr. besitzen die Ägypter einen Kalender. Den Neujahrstag ihres Sonnenjahrs legen sie mit dem Aufgang des Sirius fest, der, zeitweilig unsichtbar, in zyklischer Regelmäßigkeit alle 365,25 Tage

gen umschlingen. Doch ob Aha oder Narmer, auf keinen Fall ist die Vereinigung der zwei Königreiche das Werk eines Einzelnen, vielmehr zieht sie sich über viele Jahrzehnte hin und wird von blutigen Kämpfen begleitet.

Wie viel schöner liest sich da die Geschichte von König Menes, dem sagenhaften friedlichen Reichsgründer und Erbauer der alten Stadt Memphis, wie sie von den antiken Griechen überliefert und auf dem Turiner Königspapyrus für die Nachwelt erhalten geblieben ist. Womöglich handelt es sich bei dem mythischen König Menes um Narmer oder Aha, doch Genaues weiß man nicht. Historisch verbürgt ist immerhin die Gründung von Memphis durch König Aha, das er, an der Nahtstelle zwischen Ober- und Unterägypten, zu seiner Residenz auserwählt.

Mit Aha, dem «Kämpfer», beginnt die Zählung der dreißig ägyptischen Herrscherdynastien, die ein Priester namens Manetho in seiner in Griechisch verfassten Geschichte Ägyptens etwa 2 600 Jahre später einführt, so wie man sie heute noch zählt. Als Begründer der 1. ägyptischen Dynastie ist es auch Aha, der erstmals – nachweislich – eine Verwaltung aufbaut und eine geschichtliche Datierung durchsetzt. Im ganzen Land wird geklopft und gemeißelt und werden verbindliche Vorschriften in weiche Steinplatten geritzt.

Bilder nächste Doppelseite
Grabkomplex des Djoser in Saqqara, 4 600-jährig:
• eines der 14 Scheintore
• Eingangstor
•Eingang innen
•Kobramauer und Stufenpyramide (62 m hoch)

terra magica

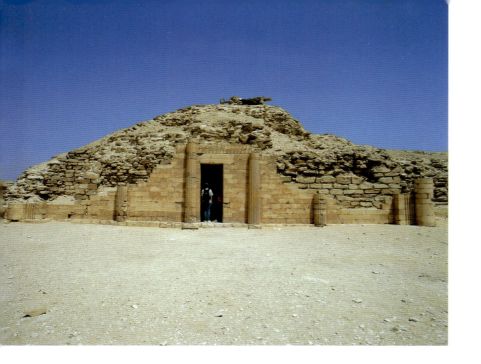

pünktlich zur Nilüberschwemmung im Juli wieder am Himmel erscheint. Anhand des Rhythmus von Überschwemmung, Aussaat und Ernte unterteilen sie das Jahr in drei Abschnitte zu je vier Monaten mit dreißig Tagen. Fünf Schalttage komplettieren das Sonnenjahr, wobei man den fehlenden Vierteltag pro Jahr einfach stillschweigend übergeht, weshalb es allmählich zu einer Zeitverschiebung kommt.

Der Rhythmus von Natur, Sonne und Fluss sind es auch, die den Glauben der alten Ägypter von Tod und Wiedergeburt prägen. So wie die Sonne allabendlich im Westen stirbt und morgens erneut im Osten zum Leben erwacht, so wie die Flut jedes Jahr wiederkehrt und auf der ausgedorrten Erde die Pflanzen abermals erblühen lässt, so glaubt man, dass auch das menschliche Leben mit dem Tod nicht vorbei ist. Für ihr zweites Leben im Land des Sonnenuntergangs lassen sich die Herrscher, ihre Höflinge und hohen Würdenträger prächtige Mastabas errichten, nach dem arabischen Wort *Mastaba* für Steinbank bildhaft so genannt.

Die unterirdischen Grabkammern mit Sarg und zahllosen kostbaren Grabbeigaben sind in diesen aus Ziegeln erbauten und aufwendig ausgestatteten Totenhäusern nur über tief eingegrabene Schächte zu erreichen. Das oberirdisch darüber errichtete Bauwerk fungiert dagegen als Pflege- und Versorgungsstelle der Verstorbenen mit Speis und Trank und allem, was sie in ihrem zweiten Leben so brauchen. Auch ein Kultraum mit einer Scheintür befindet sich dort, durch die der Tote jederzeit in die Welt der Lebenden zurückkehren kann. Bereits gegen Ende der Frühzeit sind bei Abydos und Memphis jenseits der Grenze zwischen grünem Fruchtland und Wüste, dort wo das Reich der Toten beginnt, die königlichen Begräbnisstätten zu Standorten hoch entwickelter Mastabas angewachsen.

Das Alte Reich (3. bis 6. Dynastie; etwa 2620 bis 2150 v. Chr.)

In der 3. Dynastie entsteht zu Beginn des Alten Reichs im Westen von Memphis beim heutigen Dörfchen Saqqara das älteste steinerne Bauwerk Ägyptens, vielleicht sogar der ganzen Welt. Baumeister Imhotep, der «Erfinder» der Steinarchitektur, dessen Person rund 2 000 Jahre später daselbst zu göttlichen Ehren gelangt und der leibhaftig als Wesir im Dienst seines Herrschers steht, entwirft für König Djoser die berühmte Stufenpyramide von Saqqara, den ersten monumentalen Steinbau in der Geschichte der Menschheit. Stolze 60 Meter hoch, versinnbildlicht diese Fortentwicklung einer Mastaba den mythologischen Urhügel, der bei der Weltschöpfung aus dem Urozean emporgestiegen sein soll.

Obwohl von höchster Erhabenheit, ist sie doch nur eines unter 15 solcher majestätischer Bauwerke, die im Lauf der Zeit in der näheren Umgebung Gestalt annehmen. Durch die gesamte 3. und 4. Dynastie hindurch werden im Alten Reich gewaltige Steinmassen bewegt und einzigartige Grabbauten vollendet; neben einer unüberschaubaren Anzahl von Mastabas sowie atemberaubenden Tempelanlagen, welche dem Kult für die königlichen Verstorbenen dienen, auch die größten aller titanischen Bauunternehmen – die Pyramiden von Gizeh. Deshalb nennt man jene glanzvolle Epoche der frühen Architektur heute auch die «Pyramidenzeit». Zwischen den Anfängen in Saqqara und dem Gipfelpunkt in Gizeh liegen kaum 200 Jahre.

Nach der Djoser-Stufenpyramide und manch unvollendet gebliebenen Bauten gelingt es dem Begründer der 4. Dynastie, König Snofru (um 2575 bis 2551), bei Dashur südlich von Memphis erstmals zwei wirkliche, echte Pyramiden fertig zu stellen: die Rote Pyramide und die so genannte Knickpyramide, deren untere und obere Hälfte infolge einer Bodenabsenkung während der Bauphase unterschiedliche Neigungswinkel aufweisen. So bleibt es Snofrus Sohn Cheops (2551 bis 2528) vorbehalten, als Bauherr eines der kolossalsten jemals von Menschenhand geschaffenen Bauwerke und Urheber eines der sieben Weltwunder in die Geschichte einzugehen. 15 Kilometer nördlich von Saqqara lässt er in Gizeh bei Kairo die bereits erwähnte, damals 147 Meter hohe Cheops-Pyramide errichten. 20 Jahre lang bewegen und bearbeiten für die Errichtung dieser größten

Bilder rechts und nächste Doppelseite
Von König Snofru vor über 4 550 Jahren errichtet:
Rote Pyramide in Dashur mit Grabkammer
(Bild rechts) **und gut getarntem Eingang**

aller Pyramiden 10 000 bis 20 000 Arbeiter und Handwerker insgesamt 2,3 Millionen jeweils zweieinhalb Tonnen schwere Gesteinsblöcke, wie es aktuelle Berechnungen ergeben haben.

In den Brüchen des Mokattam und viele hundert Kilometer entfernt bei Assuan werden die gewaltigen Steinquader mit einfachsten Werkzeugen aus den Felsen geschlagen, anschließend auf Holzschlitten zum Nil gezogen, mit Schiffen nach Gizeh verfrachtet und endlich hinauf auf die beständig in den Himmel emporwachsende Pyramide gehievt, bis ihre vier Kanten zuletzt tatsächlich an der Spitze zusammentreffen. Neben dieser einzigartigen Meisterleistung im Zusammenwirken von Köpfchen und Muskelkraft muss außerdem die Logistik gebührend gewürdigt werden, gilt es doch die Zehntausende Arbeiter unterzubringen, zu versorgen und zu verköstigen, welche alljährlich zur Überschwemmungszeit des Nils in Gizeh zusammenkommen.

Und keineswegs handelt es sich bei dem oft als «Sklaverei» gescholtenen Pyramidenbau um Zwangsarbeit im heutigen Sinn. Vielmehr gilt er jedem Ägypter als heilige Pflicht, denn man wirkt am Bau der ewigen Ruhestatt des göttlichen Königs und Stellvertreters von Horus auf Erden mit. Der Monarch herrscht über die Ägypter nicht nur als Militärchef und politischer Führer, er ist überdies ein «schön-vollkommener» Gott, der als Gewährsmann für die Nilflut und sogar für die Fruchtbarkeit fungiert. Ohne sein geheimnisvolles Walten wird im Reich nicht einmal ein Kind gezeugt und geboren. Denn er ist der Einzige und damit gewissermaßen «Monopolist», der bevollmächtigt und dazu befähigt ist, mit der Götterwelt direkten Umgang zu pflegen und positiv auf sie einzuwirken.

Der Sohn und Nachfolger Cheops', Djedefre, kann sein tollkühnes Vorhaben, eine noch größere Pyramide als sein Vater zu bauen, nicht realisieren. Statt dessen gelangt in seiner Regierungszeit der Sonnengott Re zu bis dahin ungeahnten Ehren. Re, welcher in der altägyptischen Vorstellungswelt in einer Barke den himmlischen Ozean durchpflügt, überflügelt an Popularität auf einmal sämtliche wichtigen Gottheiten. Der König verkörpert nun zweierlei: die Fleischwerdung des Himmelsgottes Horus sowie den Sohn der göttlichen Sonne.

Als nächster Kandidat in der Pyramidenerbauerrunde nimmt Djedefres Halbbruder Chephren (2520 bis 2494) Platz auf dem Horus-Thron und befiehlt den Bau seiner Pyramide in Gizeh. Zwar gerät sie um beinahe zehn Meter niedriger als die des Cheops, steht dafür aber auf einer Anhöhe, so dass sie die Cheops-Pyramide insgesamt überragt. Die berühmte Sphinx lässt Chephren nicht fern seiner Grablage aus einem Fels schlagen, mit dem Haupt des Königs auf dem Körper eines furchterregenden Löwen, der Grabräuber abschrecken soll. Als Dritter im Bund errichtet schließlich sein Sohn Mykerinos (2490 bis 2471) in Gizeh ebenfalls eine Pyramide, womit eines der grandiosesten Ensembles der Weltgeschichte und das wohl am meisten fotografierte Motiv Ägyptens fertig gestellt ist.

In jener glanzvollen Ära zeigt sich das Reich bereits als absolutistisches erbliches Königtum. Es ist in Gaue unter Gaufürsten (Kanalbauvorsteher genannt) unterteilt, jedoch zentral regiert, mit dem Wesir als oberstem Minister und einem straff organisierten Beamtenapparat. Die Priester, gewissermaßen die Abgeordneten des Königs in Sachen Ausübung des Kults, wie auch die Schreiber genießen allerhöchsten Respekt. Besonders der Schreiberstand ist das Karriereziel vieler, denn er besitzt Status und ermöglicht darüber hinaus ein äußerst behagliches Leben. *Werde Schreiber*, empfiehlt später wohlwissend ein Schulbuch der Ramessidenzeit, *das bewahrt dich vor Mühsal und schützt dich vor jeder Art von Arbeit. Es befreit dich davon, den Spaten, die Hacke oder den Korb tragen zu müssen oder ein Ruder zu bewegen.*

Bild rechts
Der Knick der Knickpyramide von Dashur

Bilder nächste beiden Doppelseiten
Besuch bei den Pyramiden von Gizeh:
• im Grab von Dar, Inspektor
der Priester der Cheopspyramide
• Grabbau von Hetepheres, Cheops' Mutter
• im Grab der Hetepheres
• DIE drei großen Pyramiden, erbaut vor 4 500 Jahren:
Cheops mit 137 (ursprünglich 147), Chephren mit 136,5
(143,5) und Mykerinos mit 62 (66,5) Metern Höhe

Dokumente werden von den Schreibern mittels roter und schwarzer Farbe auf kostbarem Papyrus niedergelegt, das man aus der Papyruspflanze gewinnt, die zu dieser Zeit noch in den Delta-Sümpfen wächst. Sozusagen als «Notizzettel» dienen ihnen preisgünstigere Tonscherben, die sie mit Anmerkungen zu Pacht- und Kreditverhandlungen, Warenverkehr, Lohnzahlungen und Ähnlichem bepinseln. Kunst und Literatur blühen auf und der Handel gedeiht. Vom Sinai kommen Kupfer und Gold, Expeditionen führen nach Libyen und Nubien und Handelsbeziehungen mit dem Nahen Osten werden ausgebaut. Von dort gelangen Balsamöle und Zedernholz ins Land, aus dem Inneren Afrikas transportieren Karawanen Elfenbein und kostbare Felle herbei und Spezereien aus dem sagenhaften Weihrauchland Punt (wahrscheinlich die Somaliküste).

Trotz solch großartigem Reichtum werden auch weiterhin nahezu alle Profanbauten, inklusive Paläste, aus vergänglichen Materialien errichtet: mit aus Nilschlamm geformten und getrockneten Lehmziegeln, aus Holz und Schilf, weshalb heute kaum mehr ein weltliches Bauwerk des alten Ägypten erhalten geblieben ist. Nur die Königsgräber und die Totentempel sind für die Ewigkeit gedacht und entstehen darum in Stein. Vor allem die riesigen Tempel dienen dabei sowohl als Wohnhaus des Götterbilds, das täglich aufs Neue vom Hohepriester gekleidet, geschminkt und gefüttert wird, wie auch als Spiegel der Welt, mit Sternenhimmeln als Raumdecken, Lotus und Papyrus in Säulengestalt.

An den Innenwänden findet man Reliefs von religiösem Gehalt, an den Außenwänden Szenerien, die den Alltag der Menschen darstellen, und schließlich unterirdische Krypten als Sinnbild der Unterwelt. Um den heiligen Tempel im Mittelpunkt des Tempelbezirks herum befinden sich Gebäude der Tempelverwaltung, Priester- und Pilgerwohnungen, Kioske, Krankensäle, Ställe und sogar Schlachthöfe, was das enorme Ausmaß der Tempelanlagen erklärt.

Der Jenseitsglaube zeigt sich schon in der Pyramidenzeit stark ausdifferenziert. Das irdische Leben erscheint den Menschen nur von vorübergehender Existenz, dessen unsterbliche Substanz dann nach dem Totengericht im Reich des Sonnenuntergangs glückselig wiederaufersteht. So heißt

es in der Lebenslehre des Amenemope: *Wie freut sich, wer den Westen (das Totenreich) erreicht und dort wieder heil wird in Gottes Hand.* Für den erfolgreichen Übergang bedarf es allerdings dreierlei unabdingbarer Voraussetzungen: den Erhalt des Körpers durch Mumifizierung, die Einrichtung einer Wohnung für die Ewigkeit und das Streben nach Vervollkommnung auf Erden durch tugendhaften Lebenswandel gemäß der «Ma'at», der kosmischen, politischen, ethischen, sozialen und moralischen Weltordnung.

Hat der Verstorbene «Brot gegeben den Hungrigen und Wasser den Durstigen, Kleider dem Nackten und eine Fähre dem Schifflosen», darf er im Reich der Glückseligen ansässig werden. Sind dagegen Vergehen auf seinem Konto verbucht, widerfährt ihm der zweite, endgültige Tod und er erleidet die Qualen der Hölle, wo in der Finsternis Feuerseen den Gestank von Pest und Schwefel verbreiten und die grauenhafte Totenfresserin mit Krokodilsrachen, Löwenleib und Nilpferdhinterteil herrscht. Die Entscheidung für den weiteren Verbleib des Verschiedenen fällt das Totengericht, während dem der ibisköpfige Gott der Schreiber, Thot, dem schakalköpfigen Totengott Anubis zur Seite sitzt, wenn dieser das Herz des Prüflings gegen eine Feder, das Symbol der Ma'at, in die Waagschale wirft. Damit der Verstorbene vor dem Totengericht auch eine Stimme hat, erfolgt nach der Mumifizierung die rituelle Mundöffnung, wobei ein Priester mit einem Haken symbolisch den Mund der Mumie öffnet und ihr neue Lebenskräfte einhaucht. So ist es uns auf zahlreichen Reliefs und Papyri erhalten geblieben.

Die Könige der 5. Dynastie lassen ihre erheblich kleineren Pyramiden bei Abu Sir auf halbem Weg zwischen Gizeh und Saqqara erbauen. Doch stehen nun nicht mehr diese großartigen Spitzenbauwerke im Zentrum der Aufmerksamkeit, sondern die Sonnenheiligtümer, zunächst Pfeiler, dann

Bilder rechts und nächste beiden Doppelseiten
• **König Cheops' steinerner Grabhügel (denn nichts anderes sind die Pyramiden) in Grün**
• **Dieselbe Pyramide in Rot und am Tage**
• **Im Taltempel König Chephrens, Grabkammer in der Chephren-Pyramide, Pyramide des Chephren (vorne) und seines Sohnes Mykerinos**

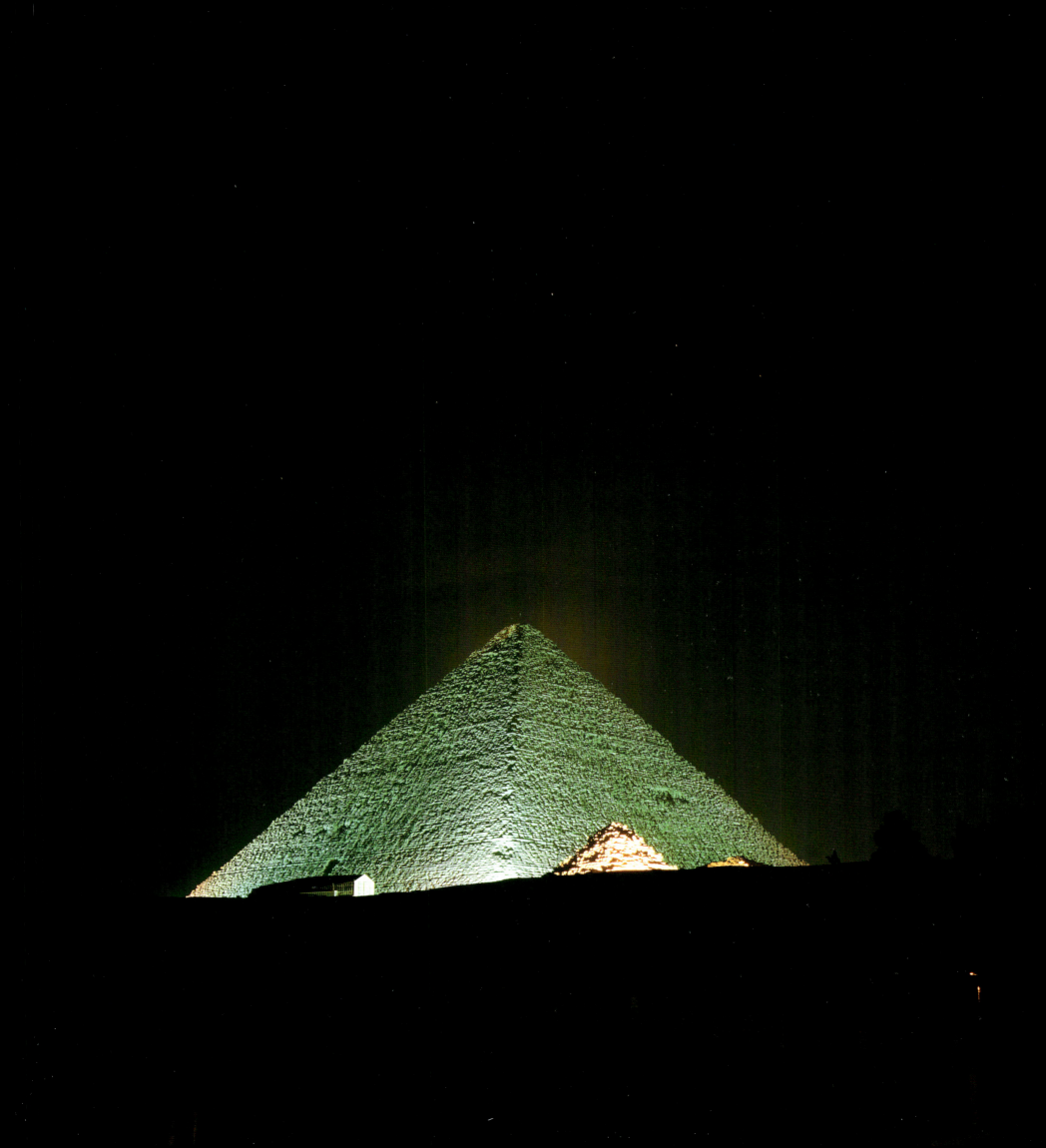

terra magica

terra magica

Obelisken, die bald überall in den ägyptischen Himmel aufragen. Neben den Hauptgöttern Horus und Re erscheint erstmals Osiris, der später im Mittleren Reich zum allgewaltigen Gott des Jenseits aufsteigen wird.

Die 6. Dynastie läutet die Dämmerung des Alten Reichs ein. Kriege mit Nachbarreichen schwächen die Zentralgewalt ebenso wie der Ehrgeiz der Gaufürsten, die allmählich erstarken. Besonders die Empörung der einfachsten Menschen erschüttert das Land. Fischer und Bauern, die sich hart in der glühenden Hitze verdingen und kaum Rechte besitzen, ächzen unter der Fron. Von Anbeginn der ägyptischen Geschichtsschreibung stehen sie am unteren Ende der Gesellschaftspyramide, ohne Aussicht auf Verbesserung, da ihnen nach Abzug der Steuern kaum noch das Nötigste bleibt. Ausschreitungen sind an der Tagesordnung.

Gleichzeitig fällt in die Wirren eine dichterische Blütezeit. In der so genannten «Umsturzliteratur» werden die Sorgen und Nöte der Menschen geschildert, wie sie in Dichtungen wie den *Klagen des beredten Bauern* und *Gespräche eines Lebensmüden mit seiner Seele* Ausdruck finden. Das Alte Reich bricht auseinander und spaltet sich wieder in Ober- und Unterägypten, die Erste Zwischenzeit beginnt.

Erste Zwischenzeit (7. bis 10. Dynastie; um 2150 bis 2040 v. Chr.)

Alles liegt in Scherben; ein Mann schlägt seinen Bruder, seiner Mutter Sohn; Pestilenz zieht durch das ganze Land und überall herrscht Blutvergießen; gesetzlose Männer ohne Glauben haben nicht gezögert das Königtum anzutasten. Ein fremder Stamm ist in Ägypten eingefallen, und allerorts haben sich Nomaden aus der Wüste zu Ägyptern gemacht.

Bilder rechts und nächste Doppelseite
Tag und Nacht, seit viereinhalb Jahrtausenden bewacht die Sphinx (archäologisch der Sphinx) die Pyramiden – hier die Chephren – bei Gizeh. Nicht Furcht vor ihr gebietet sie uns Heutigen, nur Erfurcht und Respekt

So lautet das Klagelied des Ipu-Ur aus jenen Zeiten der Unruhen und Wirrnisse, die über das Nilland fegen. Von den meist kraftlosen, miteinander und intern konkurrierenden Gaufürstendynastien kann sich keine auf Dauer halten, allein die 7. Dynastie bringt in nur 70 Tagen stolze 70 Könige hervor. Aus dem verhängnisvollen Durcheinander treten schließlich die Herren von Theben (bei Luxor) ins Licht der Geschichte. Um 2040 gelingt dem thebanischen Herrscher Mentuhotep I. die erneute Vereinigung der Länder am Nil, womit er wie einst der sagenhafte Menes als Reichseiniger Einzug in die Annalen Ägyptens hält.

Das Mittlere Reich (11. bis 14. Dynastie; 2040 bis 1650 v. Chr.)

Machtzentrum des neuen Reichs mit Mentuhotep I. an der Spitze ist nun das oberägyptische Theben, die «hunderttorige Stadt», wo fortan großartige Tempelanlagen für den thebanischen Hausgott Amun entstehen. Mit der Gründung des Karnak-Tempels für Amun schwingt sich die Stadt zum geistigen und religiösen Mittelpunkt Ägyptens auf. Für die kommenden 2 000 Jahre wird Karnak zu einem der größten Heiligtümer des Landes, an dem nahezu alle ägyptischen Herrscher ununterbrochen klopfen, meißeln, malen, anbauen, umbauen und erweitern lassen.

In seiner 51-jährigen Regentschaft konsolidiert Mentuhotep I. das Reich und reorganisiert den Verwaltungsapparat. Seine Söhne führen das Ausbauwerk weiter, so dass zum Anbruch der 12. Dynastie Ägypten eine zweite Blüte von über 200 Jahren innerer Stabilität und Wachstum erlebt. Zum Zeichen der Erneuerung verlegt der erste König der 12. Dynastie, Amenemhet I., seine Residenz wieder ins Zentrum des Nilreichs nach Ititoui beim heutigen Dörfchen Al Lisht, von wo aus später auch sein Sohn und Erbe auf dem Horus-Thron, Sesostris, regiert. Dieser und seine Nachfolger Amenemhet II. und Sesostris II. bescheren dem Land am Nil eine lange friedvolle Zeit mit blühendem Handel. Kaufmannskarawanen ziehen nach Nubien und zu den Sandmenschen (Beduinen) auf den türkis- und kupferreichen Sinai und in alle anderen Himmelsrichtungen.

Unter dem nachfolgenden Amenemhet III. erfolgt die erste Fruchtlandgewinnung in großem Stil. Das Sumpfgebiet des Fayyum wird zum Schauplatz einer der ältesten Neulandgewinnungen in der Geschichte der Menschheit. Indem man den Bahr Yussuf, den einzigen Nebenfluss des Nils auf ägyptischem Boden, durch Dämme und Schleusen reguliert, gewinnt man Kontrolle über seine alljährlichen Überschwemmungen, kann den Sumpf trockenlegen, geregelt bewässern und den Fayyum damit zu einer Kornkammer Ägyptens machen. Sesostris III. gelingt es, endgültig die Macht der Gaufürsten zu brechen und auch die selbstherrlichen Priester in ihre Schranken zu weisen. Im Süden festigt er seine Macht in Nubien und dringt nördlich bis Palästina vor; zum ersten Mal wird Jerusalem in Texten erwähnt. Nach dem jung verstorbenen Amenemhet IV. übernimmt erstmals in der Geschichte Ägyptens eine Frau, seine Schwester Sobeknofru, um 1790 v. Chr. die Regierungsgeschäfte.

In den höchstheiligen Glaubensangelegenheiten tauchen seit Anfang des Mittleren Reichs immer öfter der Gott Osiris und seiner Partnerin Isis auf. Zwei Namen, von deren Zauber sich im Todeskampf der altägyptischen Religion um die Zeitenwende noch Griechen und Römer gefangen nehmen lassen, und der im Abendland noch bis zu Mozarts *Zauberflöte* hin ausstrahlt. Sicherlich ist ihre ungeheure Popularität in ihrem ebenso tragischen wie anrührenden Schicksal zu finden, das die Herzen bis heute bewegt.

Gemeinsam werden die Brüder Osiris und Seth vom Sonnengott Re als die Herrscher über Ägypten bestimmt. Da Seth aber nicht teilen möchte, tötet er den Bruder, den daraufhin seine liebende Schwestergemahlin Isis mit göttlicher Hilfe wiederbelebt. Abermals ermordet Seth seinen Bruder

Bilder rechts und nächste Doppelseite
Besuch in Saqqara: im Grab des Mereruka, Eingang zum Mereruka-Grab, Reste der Teti-Pyramide, Grabkammer in derselben Pyramide, Panorama rechtsseits in der Grabkammer des Ti

Bilder übernächste Doppelseite
In Gräbern der Edlen zu Assuan, 4000 Jahre alt, wo auch Gaufürst Sarenput II. ruht (*großes Bild, kleines unten*)

und zerreißt ihn sicherheitshalber in 14 Stücke, welche er in alle vier Winde über das Reich verstreut. Klagend zieht nun Isis durchs Land, bis sie sämtliche Körperteile wiedergefunden hat.

Nur das Glied bleibt für immer verloren, weshalb die Liebende aus Nilschlamm ein neues formt. Sie umwickelt die Körperteile mit Binden, salbt sie und übergießt sie mit Harz, belebt sie kraft dem Beistand des Totengottes Anubis aufs Neue und empfängt nach neun Monaten ihren Sohn Horus. Um der Rache Seths zu entgehen, wird Horus, wie später Moses, in den Deltasümpfen versteckt, wo er zum stattlichen Mann heranwächst und schließlich den Mörder seines Vaters besiegt. Osiris aber wird dank seiner zweifachen Unterweltfahrt zum neuen, allmächtigen Totengott, mächtiger als Anubis und alle Totengötter zuvor, da sein persönliches Schicksal das Versprechen der Wiederauferstehung in sich birgt.

Das gesamte Mittlere Reich wird vom Osiris-Fieber ergriffen und Abydos das Zentrum seines Kults. Verstorbene Könige werden in ihren Särgen hundert Kilometer nördlich von Theben zum Osiris-Tempel geschafft, damit man sich ihrer Auferstehung vergewissern kann. Und wer sich eine derartig aufwendige Reise per Nachlass nicht leisten kann, malt sich stellvertretend eine solche «Abydosfahrt» in sein thebanisches Grab. Bis heute dauert die altägyptische Vorstellung von der Wiederauferstehung im christlichen Glauben an, und die stillende Isis wird als allein erziehende Mutter mit dem Kind auf dem Arm zum Vorbild der christlichen Madonna. Noch zweieinhalb Jahrtausende später werden die Maria mit dem Jesuskind auf koptischen Reliefs vereinzelt mit den Kronen von Isis und Horus dargestellt.

Mit der 13. Dynastie schlägt die letzte Stunde des Mittleren Reichs, und ein ähnliches Szenario wie schon zum Niedergang des Alten Reichs spielt sich ab. Unter schwachen Herrschern kommen Wesire hoch, die rücksichtslos den Ausbau ihres Machtbereichs betreiben, und von außen werden die Grenzen bedroht. Zum zweiten Mal versinkt das Land im Chaos. Schließlich fallen mit Pferd und Streitwagen, die in Ägypten unbekannt sind, 1640 v. Chr. von Palästina her die kriegerischen Hyksos ein. Die Zweite Zwischenzeit bricht an.

Zweite Zwischenzeit (15. bis 17. Dynastie; 1650 bis 1551 v. Chr.)

Woher die Hyksos, die «Herrscher der Fremdländer» (von «heka-chasut»), ursprünglich kommen, ist ungewiss. In ihren hochgerüsteten Kampfwagen, gegen welche die ägyptischen Fußsoldaten kaum etwas ausrichten können, überrollen sie zunächst große Gebiete Palästinas und anschließend das gesamte Nilland vom Delta südwärts bis zur Grenze nach Oberägypten. Hundert Jahre lang herrschen sie mit Hilfe abhängiger Kleinkönige im Land, führen die Besiegten in die Kunst des Streitwagenlenkens ein und vermitteln ihnen die Errungenschaft taktisch sinnvoller Schlachtordnungen. Das Fundament für die Eroberungsfeldzüge im Neuen Reich ist damit gelegt.

Um 1560 v. Chr. sitzen die Kleinkönige bereits so fest im Sattel, dass von Theben aus eine «nationale» Auflehnung losbrechen kann. Unter dem thebanischen Anführer Kamose werden die fremden Herren in lange währenden Kämpfen bis auf den Fayyum zurückgedrängt. Nach Kamoses Tod vollendet sein Bruder Ahmose das Befreiungswerk und treibt die Hyksos endgültig aus dem Land. So schreibt nach Menes und Mentuhotep König Ahmose als dritter Reichseiniger Geschichte.

Das Neue Reich (18. bis 20. Dynastie; 1551 bis 1070 v. Chr.)

Unter der Regentschaft der bedeutenden Herrscher der 18. Dynastie bricht die glorreichste Ära Altägyptens an. Schon bald steigt das Land am Nil zur führenden Großmacht des gesamten Orients auf, und Theben, nun wieder Hauptstadt, wird zur Metropole eines gewaltigen Weltreichs. König Amenophis I. und nach ihm Thutmosis I. schließen im Süden Nubien bis zum vierten Nilkatarakt fest

Bilder rechts und nächste Doppelseite
Tempelstadt Karnak bei Luxor:
• Skulptur im großen Säulensaal
• Säulenhalle, Widderallee zum Tempeleingang

an Ägypten an und sichern die Grenze mit mächtigen Anlagen. Im Norden stößt Thutmosis I. mit seinen schlagkräftigen Heeresverbänden bis zum Ufer des Euphrat im alten Zweistromland vor. Ein bis dahin ungeahnter Aufschwung ergreift das Land, Ägypten setzt zum kulturellen und künstlerischen Höhenflug an. Anstelle der aus der Mode gekommenen Pyramiden werden nun in einem einsamen, natürlich geschützten Taleinschnitt jenseits des Fruchtlands in Theben-West majestätische Felsgräberstätten errichtet. Das in der Welt einzigartige «Tal der Könige» entsteht, die ausgedehnte Herrscher-Nekropole des Neuen Reichs, in der sämtliche Könige jener blühenden Epoche ihre letzte Ruhestatt finden.

Auf dem Gipfel der Machtentfaltung des Reichs übernimmt 1494 v. Chr. eine Frau – Hatschepsut – nicht nur die Regierungsgeschäfte, sondern besteigt erstmals in der Chronik Ägyptens auch den Horus-Thron. Ein gutes Vierteljahrhundert später stirbt die Königin aus bis heute ungeklärten Gründen, nachdem vorher drei ihrer engsten Berater unter mysteriösen Umständen verschwunden sind. Der Nachwelt hinterlässt sie eine der herrlichsten Kostbarkeiten der ägyptischen Baukunst: den berühmten Grabtempel der Hatschepsut am Steilabfall des Gebirges in Theben-West.

Der Monarchin folgt ihr Stiefsohn Thutmosis III. auf dem Horus-Thron. Über Nacht setzt ein beispielloser Bildersturm ein, Legionen von Steinmetzen ziehen aus und tilgen den Namen der Hatschepsut allerorten im Land. Als neuer König und gefürchteter Feldherr schmückt sich Thutmosis III. fortan mit dem Prädikat «Großes Haus» – Pharao –, wie sich von da an sämtliche Herrscher des alten Ägypten nennen. In wahrscheinlich 17 Kriegen kann der Pharao sein Imperium bis zum Euphrat hin festigen; eindrucksvolle «Reportagen» über seine Feldzüge sind im Amun-Tempel in Karnak zu finden. Amun, der alte Hausgott von Theben, ist mittlerweile mit Re, dem strahlenden Vater am Himmel, zu Amun-Re verschmolzen und dergestalt als neuer Reichsgott zu höchsten Ehren gelangt. Umfangreiche Baumaßnahmen am heili-

Bilder rechts und nächste Doppelseite
• Obelisk der Königin Hatschepsut im Karnaktempel
• Westtheben (Luxor): Hatschepsut-Tempel,
erbaut vor 3 500 Jahren, in 3 Perspektiven

gen Amun-Tempel begleiten die Periode von Frieden und Wohlstand, die unter Thutmosis IV. anbricht.

Schwer beladene Karawanen ziehen aus aller Herren Länder mit Gold, Silber und Elfenbein, wertvollen Hölzern, Preziosen und Spezereien herbei. Manifestation dieses unermesslichen Reichtums ist der Bauboom, der unter Thutmosis IV. Nachfolger Amenophis III. einsetzt. Die Tempelbezirke in Luxor und Karnak werden erweitert, glanzvolle Paläste und ein luxuriöser Totentempel in Theben-West errichtet, *gebaut aus weißem Sandstein, Gold, einem Boden aus Silber, mit Türen aus Elektrum*, wie es auf einer Stele im Ägyptischen Museum in Kairo heißt. Von diesem Tempel des Amenophis III. sind uns zwei Torwächterstandbilder erhalten, die gigantischen Memnon-Kolosse, wie sie noch heute an der Grenze vom Fruchtland zur Wüste 18 Meter hoch in den Himmel hinauffragen und in beeindruckender Gestalt den Eingang zum pharaonischen Totenreich im Auge behalten.

Neben Amun, dem «Hauch des Lebens», sowie dem Vatergott Re zieht nun der alte memphische Schöpfergott Ptah als der für die Leibwerdung zuständige Regent in den himmlischen Pantheon ein. Die Götter finden zu Familien zusammen, besonders zu Dreiheiten, und eine Vorstellung von Trinität (Drei-Einheit) schimmert erstmals im Leidener Amunshymnus durch:

Alle Götter sind drei:
Amun, Re und Ptah ...
Verborgen ist sein Name als Amun.
Er ist sichtbar als Re.
Sein Leib ist Ptah.

So ist der Weg gebahnt für Amenophis' III. Sohn und Thronerben Amenophis IV. (1364 bis 1347 v. Chr.), unter dem die bis zu dieser Zeit revolutionärsten Jahre in der Geschichte der Menschheit anbrechen. In einem tollkühnen Wurf entthront der Pharao den gesamten ägyptischen Götterhimmel und stellt seinem Volk seine Konzeption eines einzigen, abstrakten Gottes vor. Solch eine umstürzlerische Operation wird über ein halbes Jahrtausend später erst wieder der Stamm Israel unternehmen. Amenophis erklärt die

Sonnenscheibe Aton zum alleinigen Gott und etabliert den ersten Monotheismus der Welt. Die alten Götter werden von ihren Sockeln gestürzt und ihre Tempel geschlossen. Nachdem der Pharao seinen Namen von Amenophis (Amun ist gnädig) in Echnaton (Dem Aton wohlgefällig) geändert hat, werden die tragenden Säulen des ägyptischen Staatswesens entmachtet.

Von einem Tag auf den anderen sind die mächtigen Amun-Priester wie auch Beamte und Militärs arbeitslos. In Mittelägypten erbaut Echnaton seine Residenz «Lichtort des Aton», die Stadt Achet-Aton. Und wie zur Zeit Thutmosis III. schwärmen aufs Neue die Steinmetze aus, um im Land die alten Namen aus Monumenten und Reliefs zu klopfen und durch den des Aton zu ersetzen. Der eigensinnige «Ketzerpharao» hält nun weltliche wie göttliche Macht in seiner unumschränkt gebietenden Hand. Indem Echnaton den Alleinvertretungsanspruch Gottes auf Erden für sich reklamiert, öffnet sich dem Despotismus Tür und Tor. Ägypten wird eine Theokratie.

Auch in der Kunst setzt der Pharao richtungweisende Zeichen: Zum ersten Mal macht ein Herrscher sein Privatleben öffentlich zum Gegenstand von Abbildungen. Realistische Darstellungen der Königsfamilie – seine Person gemeinsam mit Frau Nofretete und Kindern – werden modisch. Unvergleichliche Werke entstehen, zu denen die Porträtbüste Echnatons und Nofretetes zählen, die man heute im Ägyptischen Museum in Berlin bewundern kann.

Als schönstes literarisches Zeugnis seiner Kunst verbleibt Echnatons «Sonnengesang»:

Schön erscheinst Du im Horizonte des Himmels,
Du lebendige Sonne, die vom Anbeginn lebt!
Du bist aufgegangen im Osthorizont
und hast jedes Land mit Deiner Schönheit erfüllt.

Doch der Radikalismus des Gottkönigs erzürnt nicht nur die davongejagten Priester zutiefst, sondern kränkt auch die religiösen Gefühle des Volks. Nur 17 Jahre Regentschaft sind

Bild rechts
Karnak: Säulen und Decke des Tempels Thutmosis' III.

dem Pharao vergönnt, bis er auf geheimnisvolle Weise ums Leben kommt. Noch als Kind folgt ihm Tutanchaton auf dem Thron. Flugs tauft er sich um in Tutanchamun, setzt den alten Götterhimmel wieder ins Recht und die früher bekannten Kulte wieder in Kraft. Er verstirbt 18-jährig und wäre nicht weiter erwähnenswert, hätte nicht 3 260 Jahre später, im Jahre 1922, der englische Archäologe Howard Carter im Tal der Könige seine Grabtür entdeckt und damit die einzige nicht ausgeplünderte Ruhestätte eines ägyptischen Pharaos gefunden. Angesichts der sagenhaften Schätze in diesem vergleichsweise winzigen Grab kann man nur mutmaßen, welche Reichtümer wegen des Jahrtausende herrschenden Grabräubertums für immer verschwunden sind.

Nach einer turbulenten Restaurationszeit gelingt es dem mächtigen Heerführer Echnatons, Haremhab, innerhalb kürzester Zeit Ägypten wieder in sichere innenpolitische Bahnen zu lenken. 1306 v. Chr. tritt ein Vertrauter und tüchtiger Offizier seine Nachfolge an, der unter dem angenommenen Namen «Ramses» die 19. Dynastie begründet. Zusammen mit der 20. Dynastie geht sie als die so genannte «Ramessidenzeit» in die Geschichte ein.

Mittlerweile herrscht wieder unumstritten die Dreiheit Amun, Re und Ptah über die ägyptische Götterwelt. Zu ihnen gesellt sich als Vierter im Bund der Hauptgott der Hyksoszeit, Seth, welcher zum göttlichen Schirmherrn der Ramessiden-Pharaonen wird. Ramses I. Sohn und Erbe des Horus-Throns Sethos I. verlegt im Verlauf seiner über achtzigjährigen Regentschaft die Hauptstadt des Reichs wieder nach Memphis und sichert bis weit in den Libanon hinein den ägyptischen Herrschaftsbereich. Im Ostdelta des Nils beim heutigen Qantir lässt er eine großartige Palastanlage errichten, im Karnak-Tempel zu Theben entstehen neue Sakralbauten und in Abydos der berühmte siebenschiffige Sethos-Tempel, eine der großen Sehenswürdigkeiten in Oberägypten.

Für die Nachwelt zum Pharao schlechthin wird Ramses II. (1290 bis 1224). Kein ägyptischer Pharao baut wie dieser, für zahlreiche die Jahrtausende überdauernde monumentale Denkmäler der Menschheit werden unter Ramses II. die Fundamente gelegt. Erweiterungsbauten in Luxor und am Sethos-Tempel in Abydos werden in Angriff genommen, die beiden überwältigenden Felstempel von Abu Simbel entstehen ebenso wie das Ramesseum, der Totentempel von Ramses II. in Theben-West, und der mit 134 Papyrus-Säulen geschmückte Große Säulensaal im Tempelbezirk von Karnak.

Auch als Feldherr macht der Pharao eine hervorragende Figur. Zwar kann er 1285 v. Chr. in der legendären Schlacht bei Kadesch in Syrien gegen die konkurrierende hethitische Weltmacht keinen eindeutigen Vorteil erringen, doch münzt er sie propagandistisch um in einen triumphalen Sieg. Den Friedensvertrag zwischen Ägypten und dem Hethiterreich 1270 v. Chr. bekräftigt er durch die Heirat einer hethitischen Prinzessin. Neben diesen innen- wie außenpolitischen Erfolgen und seiner ruhmreichen Bautätigkeit zählen zu Ramses II. großartigem Vermächtnis auch die angeblich über hundert Nachkommen, die der Pharao im Lauf seines Lebens zeugt.

Seinen 14. Sohn und Thronerben Merenptah erwarten bald unruhige Zeiten. Von Westen her rücken die Libyer in das Nildelta ein und über das südöstliche Mittelmeer stoßen die «Seevölker» vor. Zuerst kann der Pharao die Gefahr noch abwenden, doch bereits in der Regierungszeit seines Sohns Sethos II. überfallen die Seevölker abermals Palästina und Syrien und der nubische König marschiert mit seinen Truppen in Oberägypten ein. Nach Sethos II. Tod nimmt seine Gemahlin Tausret als dritte Frau Platz auf dem Horus-Thron. Mit ihrem Heimgang endet die 19. Dynastie in verheerenden Wirren.

Noch einmal blüht das Neue Reich zum Beginn der 20. Dynastie kurzzeitig auf, wie es die enorme Totentempel-Anlage Medinet Habu bezeugt, welche Ramses III. in Theben-West errichten lässt. Doch Korruption und Wirtschaftskrisen erschüttern das Land. Erstmals in der verbürgten Historie treten Arbeiter und Handwerker in einen organisierten Streik, der Stern des alten Ägypten beginnt zu sinken.

Die Ära von Ramses IV. bis Ramses XI. (1104 bis 1075 v. Chr.) dokumentiert den Niedergang der einstigen Macht.

Bilder rechts und nächste Doppelseite
Wie Zwergenkinder wirken wir Menschen (stehend!) vor den (sitzenden!) Memnonkolossen in Westtheben, 3 500 Jahre alt. Sie bewachten Amenophis' III. Totentempel

Palästina und Nubien gehen endgültig verloren, und im Land ringen die einflussreichen Amun-Priester von Theben mit befehlsgewaltigen Söldnerführern erbittert um die künftige Vorherrschaft. Am Horizont dämmert die Spätzeit Ägyptens herauf.

Dritte Zwischenzeit und Spätzeit (21. bis 30. Dynastie, 1070 bis 332 v. Chr.)

Wiederum zerbricht das Reich. Als sich der oberägyptische Heerführer und Amun-Hohepriester Herihor zum Pharao proklamiert, spaltet sich das Land in ein weltliches Königreich mit der Hauptstadt Tanis in Unterägypten und einen dem Amun geweihten Gottesstaat mit Sitz im oberägyptischen Theben. Zumeist sind es nun Amun-Priester, welche die bedeutungslosen Herrscher der 21. Dynastie im Süden des Landes stellen. Ihnen folgen über viele Jahrhunderte hinweg Monarchen ausländischer Herkunft auf dem Thron: Libyer, Äthiopier und Assyrer, bis 525 v. Chr. schließlich der Perserkönig Kambyses in das Nilland vorrückt. Erst kurz zuvor hat die neue Supermacht Persien das babylonische Weltreich vernichtend geschlagen.

Und für den ägyptischen Eroberungsfeldzug, so wird kolportiert, bedient man sich nun einer besonderen List: Man zieht Vorteil aus der Ehrerbietung der Ägypter für Katzen. Jeder persische Krieger hält in der Schlacht eine Katze im Arm und vor den Heeresverbänden hetzt man Hunderte der schnurrenden Vierbeiner her. Die ägyptischen Soldaten strecken die Waffen, das Land wird Provinz des persischen Reichs. Noch ein letztes Mal erlangen die Ägypter unter den Herrschern der 28. bis 30. Dynastie (434 bis 343 v. Chr.) für ein Jahrzehnt ihre Selbstständigkeit. Dann folgt ein zweiter Waffengang gegen die wieder vorstoßenden Perser, der jedoch sein baldiges Ende findet, als Alexander der Große von Makedonien 336 v. Chr. unter dem Jubel der Bevölkerung in

Bilder rechts und folgende beiden Seiten
• Thutmosis III. tötet seine Feinde (am Karnaktempel)
• Pharao Echnaton, Religionsrevolutionär, und Thronsessel des Tutanchamun (im Ägypt. Nationalmuseum, Kairo)

Ägypten einzieht. Drei Jahre zuvor hat der von Aristoteles erzogene, glänzende makedonische Politiker und Stratege bei Issos bereits den persischen Großkönig Darius III. besiegt. So wird Alexander in Ägypten als Befreier begrüßt. Eine neue politische Weltkarte entsteht.

Die Ptolemäer (336 bis 30 v. Chr.)

Nicht als Eroberer tritt Alexander der Große in die ägyptische Geschichtsschreibung ein, sondern als weiser Regent. Indem er sich die Zuneigung der mächtigen Priester- und Beamtenschaft sichert, sich vor der Religion der Ägypter verbeugt und ihren überkommenen Sitten und Bräuchen Achtung zollt, gewinnt er die Sympathie der ägyptischen Würdenträger wie auch der gemeinen Bevölkerung. Nach althergebrachtem pharaonischen Ritual lässt er sich in Memphis zum König von Ober- und Unterägypten krönen und zieht anschließend mit großem Tross zur Oase Siwa, um dort vor dem Amun-Orakel seine rechtmäßige Führerschaft über das einstige Pharaonenreich zu bekräftigen. Im Delta gründet er am Saum des Mittelmeers die Stadt Alexandria, die schon bald zu einer der bedeutendsten Handelsmetropolen und zum intellektuellen Mittelpunkt der gesamten griechisch-hellenischen Welt aufsteigt. Dort findet Alexander auch, als 33-Jähriger unerwartet früh an einer Infektion verstorben, seine bis heute nicht wiederentdeckte letzte Ruhestatt.

Der jähe Tod des ohne Nachkommen verbliebenen großen Herrschers hinterlässt ein Machtvakuum, in dem die Kämpfe seiner getreuen Feldherren, der Diadochen, losbrechen. In ihrer Folge wird Alexanders riesiges Reich aufgeteilt. Die Antigoniden lenken die Geschicke in der makedonischen Heimat, die Seleukiden in Persien und die Ptolemäer im Land am Nil. Um sich seiner neuen Gefolgschaft zu

Bilder rechts und nächste Doppelseite
Überwältigende Nachtpracht des
Luxortempels in Ostheben:
• im heute nicht mehr gedeckten Tempelinnern
• freigelegter Eingangsteil der 2 km langen Sphingenallee

vergewissern, übernimmt Ptolemäus, ein am makedonischen Hof aufgewachsener Jugendfreund Alexanders, als ägyptischer Herrscher Ptolemäus I. Soter (der Retter) den traditionellen Habitus seiner altehrwürdigen pharaonischen Vorgänger. Im Verlauf seiner vierzigjährigen Regierungszeit schlägt er die Angriffe der anderen Diadochen erfolgreich zurück und lässt seine Hauptstadt Alexandria prunkvoll erweitern. Das zweite der sieben Wunder der Alten Welt entsteht auf ägyptischem Boden: der Pharos, der sagenhafte Leuchtturm von Alexandria.

Mit den ausländischen Ptolemäern wandern Menschen aus allen Kulturen nach Ägypten ein: Perser, Libyer, Nubier, Phönizier, Juden und insbesondere Griechen, welche die neue privilegierte Oberschicht bilden. Unter Ptolemäus Sohn Ptolemäus II., der 285 v. Chr. den Thron besteigt, werden Regierung und Verwaltung gestrafft, ein staatliches Banken- und Papyrusmonopol eingeführt sowie Handel und Landwirtschaft intensiviert. Zwar befinden sich Grund und Boden nach wie vor in königlichem Besitz, doch müssen sich die Bauern nun nicht mehr als Leibeigene verdingen, sondern dürfen fortan als Pächter Armut erleiden. Sie schuften gewissermaßen im Dienst der Künste und Wissenschaften; dank des erwirtschafteten Reichtums geht Ptolemäus II. als maßgeblicher Förderer des berühmten Museions in Alexandria in die Annalen Ägyptens ein.

In dieser mit über 700 000 Schriftrollen größten Bibliothek und zugleich herausragenden Forschungsstätte der Antike lehren so bedeutende Mathematiker und Philosophen wie Euklid und Archimedes, hier entdeckt der Astronom und Erzieher des Ptolemäus IV. als Erster, dass sich die Erde um die Sonne bewegt und errechnet ohne Kenntnis sämtlicher existierenden Kontinente den Erdumfang mit rund 40 000 Kilometern, worin er nur um 50 Kilometer vom tatsächlichen Umfang abweicht. Unter ptolemäischer Herrschaft werden erstaunliche Bauwerke geschaffen, die man noch heute bewundern kann: der elegante Isis-Tempel auf der Insel Philae bei Assuan und die große Tempelanlage von Kom Ombo, südlich von Luxor der Horus-Tempel von Edfu, einer der am besten erhaltenen Tempel Ägyptens, und nördlich von Luxor der Tempel der kuhköpfigen Muttergöttin Hathor in Dendera.

Nach mehreren kriegerischen Auseinandersetzungen mit den Seleukiden, welche ein riesiges Reich von Armenien bis fast nach Indien beherrschen, fällt der seleukidische Herrscher Antiochos III. gemeinsam mit seinem makedonischen Verbündeten Philipp V. im Jahr 200 v. Chr. in Ägypten ein. Diese Attacke hätte den Untergang des Ptolemäerreichs besiegeln können – hätte sie nicht die römische Macht auf den Plan gerufen. Gerade hat Rom im Zweiten Punischen Krieg den Erzfeind Karthago niedergerungen, wobei es das von Rechts wegen neutrale Ägypten mit Getreidelieferungen unterstützte. Nur – die zum Dank gereichte Hand erweist sich für die Ägypter als Akt kühl kalkulierter römischer Machtpolitik, die Unterstützung durch die Römer ist ein Danaergeschenk. Denn nun, den steten Blick auf die Kornkammer des östlichen Mittelmeers gerichtet, gewinnt Rom als neue Schutzmacht Ägyptens zunehmend Einfluss im Land am Nil.

Der durch die Römer unter militärischen Druck geratene seleukidische Antiochos III. bietet dem jungen Ptolemäus V. zum Friedensgeschenk die Hand seiner Tochter Kleopatra an. Sie ist die erste in einer langen Reihe ptolemäischer Königinnen, die diesen Namen noch tragen werden. Während soziale Aufstände in Oberägypten entflammen, prägen Arglist und Machtintrigen, Morde und Bluthochzeiten das Geschehen am königlichen Hof in Alexandria. Sämtliche dem Ptolemäus V. und Kleopatra nachfolgenden Herrscher mit den Namen Ptolemäus und Kleopatra metzeln einander nieder, bis 80 v. Chr. alle legitimen dynastischen Nachfolger getötet sind.

Um einer römischen Intervention vorzugreifen, hebt man flugs einen unehelichen Sohn, vom Volk respektlos «der Bastard» genannt, als Ptolemäus XII. auf den Thron – es ist der Vater *der* Kleopatra, der Verkörperung aller ägyptischen Königinnen überhaupt. Unter der Vormundschaft des

Bilder rechts und nächste beiden Doppelseiten
- **Fürstenpaar beim Luxortempel**
- **Luxortempel: Pharao Ramses II., nochmals Ramses II. am Tempeleingang, Tempelfrontseite**
- **Westtheben: Säulenhalle und Grundmauern des Ramsesseums (Ramses' II. Totentempel), 3 250 Jahre alt**

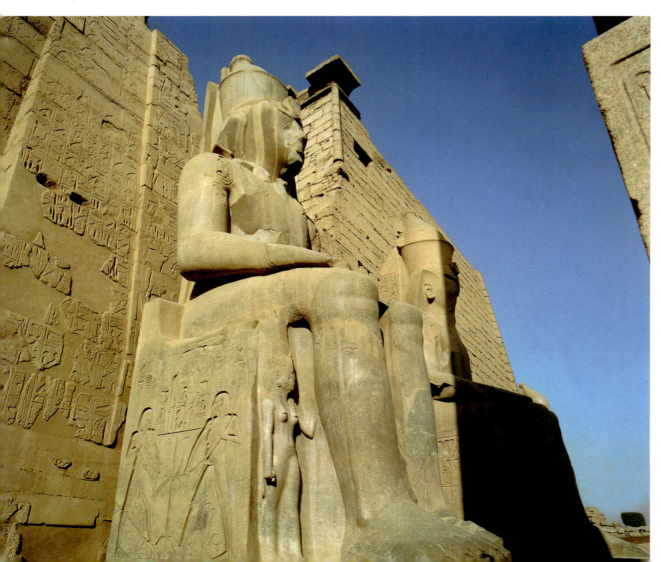

Römers Pompejus gelangt sie als Kleopatra VII. in Geschwisterehe mit ihrem Bruder Ptolemäus XIII. im Jahr 51 v. Chr. auf den Thron. Allzu lange währt der Ehebund jedoch nicht. Auf Veranlassung Ptolemäus XIII. wird Pompejus gemeuchelt und Kleopatra außer Landes getrieben, woraufhin sich der römische Imperator Julius Caesar mit seinen Legionen in Alexandria einschifft. In einem wütenden Kampf wirft er die Soldaten des Ptolemäus nieder. Vermutlich geht bei den Gefechten die berühmte Bibliothek in Flammen auf. Zahllose Schätze des Menschheitswissens sind für immer verloren.

Nach dem Sieg Roms kehrt Kleopatra in ihre Heimat zurück und wird 48 v. Chr. von Caesar als Königin bestätigt, es beginnt eine der süßesten, tragischsten Liebesromanzen, von der die Weltgeschichte berichten kann. Mit ihrer blühenden Schönheit schlägt die 22-jährige Kleopatra den 30 Jahre älteren, mächtigen Herrscher in ihren Bann. Neun Monate später empfängt sie den gemeinsamen Sohn Caesarion, die römische Welt zeigt sich empört über die unerfreuliche Liaison. An den Iden des März 44 v. Chr. fällt der ehrgeizige Imperator einer Verschwörung zum Opfer.

In der Nachfolge übernehmen sein Großneffe Octavian und als Mitregent Marcus Antonius die Regierungsgeschäfte. Und wie vor ihm Caesar verfällt nun Antonius, der Repräsentant in den Ostgebieten des römischen Reichs und seit 40 v. Chr. mit Octavians Schwester Octavia verheiratet, dem Liebreiz der ägyptischen Königin. Sie zeugen drei Kinder und betreiben in Fortsetzung der ptolemäischen Herrschaft eine exzessive Großmachtpolitik, die Rom mit beständig wachsendem Unmut im Auge behält.

Nach der Trennung des Marcus Antonius von seiner Ehefrau Octavia erfolgt die Kriegserklärung des römischen

Bilder rechts und nächste beiden Doppelseiten
In Ägyptens südlichstem Süden, Abu Simbel:
- **vor Pharao Ramses' II. großem Tempel**
- **Ramses II. in der Säulenhalle**
- **das Allerheiligste im Ramses-Tempel:**
Ptah, Amun, Ramses, Harachte
- **vor dem Hathor-Tempel, dem Kleinen Tempel**
- **Vorhalle des Kleinen Tempels, erbaut für Nefertari**

Senats an Ägypten. Vom nüchternen, Politik und Sex nicht vermengenden Octavian – dem späteren Kaiser Augustus – befehligte Truppen ziehen gegen das Land am Nil. Am 2. September 31 v. Chr. kommt es zur Seeschlacht bei Actium in Westgriechenland, bei der die ägyptische Flotte außer Gefecht gesetzt wird, im August 30 v. Chr. nehmen die römischen Legionen Alexandria ein. Antonius stürzt sich in sein Schwert und auch Kleopatra begeht Selbstmord – wie die Sage erzählt durch einen Schlangenbiss. Mit dem Tod der legendären ägyptischen Königin endet die über 300-jährige ptolemäische Herrschaft, Ägypten wird römische Provinz.

Unter römischer und byzantinischer Herrschaft (30 v. Chr. bis 640 n. Chr.)

Für die kommenden 400 Jahre ist das Land am Nil Teil des römischen Imperiums, das ein Präfekt in Stellvertretung des römischen Kaisers von Alexandria aus regiert. Dort gründet man strategisch wichtige Garnisonen ebenso wie in Babylon (Alt-Kairo) und Syene (Assuan). Denn die «Kornkammer» Ägypten ist unentbehrlich für die Getreideversorgung der Plebejer in Rom. Insbesondere die ägyptischen Bauern stöhnen unter der exorbitanten Steuerlast, die ohne Rücksicht auf Alter und Auskommen erhoben wird. Und während früher der erwirtschaftete Reichtum in der Hand der eingesessenen Herrscherfamilie verblieb, wandert er nun nach Rom.

Die Menschen leiden bittere Not und lauschen gebannt den Verkündern einer auf die revolutionäre Lehre von Jesus Christus gegründeten Erlösungsreligion. Vorzugsweise unter den Juden und Griechen von Alexandria stößt der neue Glaube auf Widerhall. Alexandria ist es auch, wo der Legen-

Bild rechts und nächste beiden Doppelseiten
- **Liegender Ramses II. von Memphis in Gizeh**
- **Blick auf das Tal der Könige von Luxor (Westtheben)**
- **Malerei im Tempel Ramses' III., Westtheben**
- **Im Grab Ramses' III. im Tal der Könige**
- **In einem weiteren Grab im Tal der Könige**

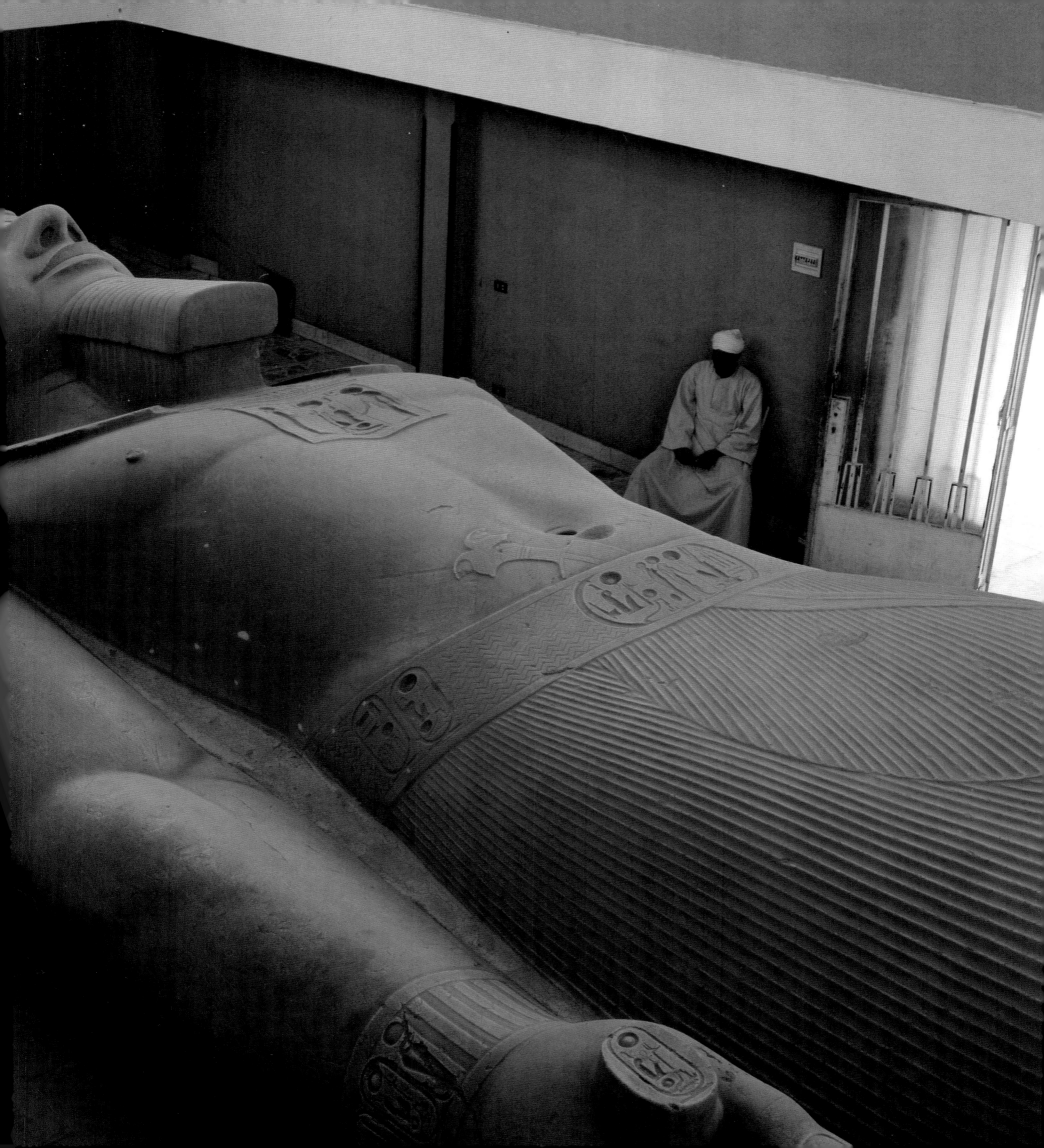

de zufolge 68 n. Chr. der Evangelist Markus den Märtyrertod gestorben sein soll. Auf den heiligen Markus führen die Kopten, die christlichen Nachkommen der alten Ägypter, ihren Ursprung zurück. («Kopte» leitet sich von «aigyptos», dem griechischen Namen Ägyptens ab, welchen später die Araber zu «qubti» verschleifen.) Und noch heute ist das Koptische, die Volkssprache der Ptolemäerzeit, Bestandteil in der Liturgie der koptischen Kirche Ägyptens.

Unaufhaltsam schreitet im 2. Jahrhundert die Verödung des Nillands voran. Wer sich als Bauer nicht unter die Schirmherrschaft eines Patrons begibt, zieht sich wie einst die altägyptischen Anachoreten (Einsiedler) in die Wüste zurück. Doch wo die altvorderen Eremiten noch die hitzeflirrende Einsamkeit suchten, um über den Geist Amuns zu meditieren, bezeichnet «Anachoret» nun nicht selten auch einen Mann auf der Flucht vor dem Steuereintreiber. In unerhörter Geschwindigkeit erobert die junge Religion Köpfe und Herzen der Menschen. Um das Jahr 180 entsteht in Alexandria nach dem Beispiel des antiken Museions eine erste christliche theologische Lehrstätte.

Ägypten wird die älteste umfassend christianisierte Region der Erde. Aus der theologischen Anstalt gehen solch überragende Denker wie die Kirchenväter Klemens von Alexandria und Origenes hervor, und Alexandria selbst steigt zur Bischofsstadt auf. Nun konvertieren auch die edelblütigen Alexandriner. Schließlich verbietet im Jahr 204 Kaiser Septimus Severus die aufmüpfige Religion, die allein einen einzigen Gott als den Herrscher über Himmel und Erde vorstellt und dank dem Erlösungsversprechen Jesu Christi zudem eine bedrohliche soziale Sprengkraft in sich birgt. Unter Kaiser Decius kommt es ab 249 zur systematischen Unterdrückung und zur Christenverfolgung, die in der Regierungszeit Diokletians (284 bis 305) ihren blutigen Höhepunkt erreicht.

Bilder rechts und nächste Doppelseite
**• Ruinen der Arbeitersiedlung
Deir El Medina, Westtheben
• Im Tal der Könige: Malerei und Sarkophag
im Grab der reichen Großbürger
Tansert und Seth Nakht**

Alexanders des Großen Krönungstempel in der Oase Siwa

So tief greifende Spuren hinterlassen die römischen Pogrome in den Seelen der Kopten, dass sie für den Anfang ihrer innerkirchlichen Zeitrechnung das «anno martyrii», die Übernahme der Herrschaft durch Kaiser Diokletian im Jahr 284, erwählen. Zahlreiche fromme Männer wandern nach der Tradition der alten einsiedlerischen Wüstenheiligen in die östliche Wüste aus. Zwanzigjährig macht sich auch der heilige Antonius (um 250 bis um 356) auf den beschwerlichen Weg in die glühende Einöde, wo er einen Kreis Schüler um sich sammelt und das asketische Leben sucht. Im Antoniuskloster in der östlichen Wüste nahe dem Golf von Suez liegt der Vater aller christlichen Eremiten begraben.

Mit dem Regierungsantritt Kaiser Konstantins (306 bis 337) zieht in Ägypten Frieden ein. Seit dem Mailänder Toleranzedikt 313 dürfen sich die Christen endlich gefahrlos zu ihrem Glauben bekennen. Das Land wird in sechs Provinzen eingeteilt, die Verwaltung geregelt und auch der Aufbau einer staatlichen Kirchenorganisation erlaubt. Doch dieser unerwarteten Annäherung von Kirche und Herrschaft ist nicht jedermann freundlich gesinnt. Als Gegenbewegung kommt sogleich das Mönchswesen auf. In der Nähe von Achmim in Mittelägypten, wo in den Höhlen der Hügel entlang der Nilebene eine große Schar Eremiten haust, gründet der heilige Pachomius (um 285 geboren) erstmals eine fromme Gemeinschaft im Glauben und entwickelt für sie strenge Regeln bezüglich des Tagesablaufs sowie der geistlichen Andacht. Ein erstes koptisches Kloster entsteht im Jahr 320 nördlich von Theben. Weitere folgen im Verlauf des 4. Jahrhunderts in der Nähe des Roten Meers und westlich des Nils im Wadi Natrun. So geht der heilige Pachomius als Begründer des Mönchtums in die Annalen der Christenheit ein, sämtliche Ausformungen christlichen Klosterlebens gehen ursprünglich auf sein Wirken zurück.

Über das gesamte 4. Jahrhundert hinweg bewegt die Gläubigen des Christentums eine wesentliche theoretische Frage, und zwar die der Stellung Jesu innerhalb der neuen Eingottreligion. Schnell haben sich zwei sich unerbittlich bekämpfende Parteien formiert. Der These des Bischofs von Alexandria, Athanasios (um 295 bis 373), hängen die so genannten «Monophysiten» an, denen Gottes Sohn Jesus als wesensgleich mit dem Vater gilt. Sie sagen, Vater und Sohn haben eine Natur, womit der Vorrang der göttlichen, nicht der menschlichen Wesenheit Christi festgestellt wird.

Diesem Monophytismus des Athanasios folgen überwiegend die nicht Griechisch sprechenden Christen des (späteren) oströmischen Reichs, als da sind die ägyptischen Kopten, Armenier und syrischen Jakobiten. Die oppositionelle Überzeugung des alexandrinischen Priesters Arius teilen dagegen die «Arianer». Ihrer Auffassung nach ist Jesus mit Gott keineswegs wesensgleich, sondern nur sein schönstes Geschöpf. Sie meinen, der Sohn sei geschaffen von Gott und deshalb nicht ewig und vom Vater verschieden. Im Ringen um den wahren, den einzigen Glauben gegen solch abtrünnige Ketzereien setzt sich schließlich Athanasios durch. 318 wird Arius exkommuniziert und seine Lehre auf dem Konzil von Nizäa, das Kaiser Konstantin 325 einberuft, in Bausch und Bogen verurteilt.

Im Jahr 326, ein Jahr nachdem die Monophysiten auf dem Konzil die theologische Schlacht für sich gewinnen konnten, verlegt Konstantin als Gegengewicht zur lästigen heidnischen Opposition in der römischen Senatsgesellschaft seinen Regierungssitz von Rom nach Byzanz und tauft die neue Hauptstadt des Imperiums in Konstantinopel (das heutige İstanbul) um. Schon bald hat die Stadt am Bosporus Alexandria den politischen Rang abgelaufen, die Verlegung des weltlichen und kirchlichen Machtzentrums nach Konstantinopel geht mit einer deutlichen Schwächung der koptischen Kirche einher.

Die Jahrzehnte der Auseinandersetzung um die höchsten christlichen Glaubensinhalte sind geprägt von Vertreibung und Exkommunikation der jeweils gerade verkehrten Partei, dann deren Rehabilitierung und abermaligen Verketzerung, stets begleitet von Tumulten und Plünderungen von Seiten des Mobs. 381 geht der Streit um die Wesenheit Christi auf dem Konzil von Konstantinopel in die zweite theologische Runde. Zwar wird dort die monophysitische Lehre bekräftigt, doch muss das Bistum Alexandria seine führende Stellung endgültig an Konstantinopel abtreten. In gemeinsamer Front gegen die gewichtige ägyptische Mittelmeerstadt spricht das Konzil dem Patriarchen von Konstantinopel die gleiche Macht zu wie dem römischen Papst.

Kaiser Theodosius I. (379 bis 395) erklärt das Christentum 391 schließlich zur Staatsreligion und verbietet sämtliche heidnischen Kulte. Eine Welle der Verwüstung rollt daraufhin über Ägypten. Gräber werden geplündert, die Juden vertrieben und die antiken Tempel geschändet, wo sie nicht vorher in Klöster umgewandelt worden sind. Nach Theodosius I. Tod im Jahr 395 wird das Römische Reich unter seinen beiden Söhnen geteilt, mit Ravenna als dem Regierungssitz Westroms und Konstantinopel als der Metropole und Hauptstadt von Ostrom. Ägypten wird dem Herrschaftsbereich Ostroms zugeschlagen und gerät damit unter byzantinische Macht.

Zum Zeichen ihrer absoluten Herrschaftsgewalt auch über das Land am Nil verwerfen die Byzantiner 451 auf dem Konzil von Chalkedon den Monophytismus und definieren ein folgenschweres neues Dogma. Fortan sollen in der Per-

Bilder nächste Doppelseite
Tempelbauten von Philae auf der Insel
Agilkia bei Assuan mit Blick auf das
Allerheiligste im Isis-Tempel *(Bild links unten)*

son Jesu zweierlei Naturen wohnen, das heißt in ihm seien gleichgestellt ein menschliches und ein göttliches Wesen vereint. Diesem ungeheuerlichen Revisionismus der so genannten «Duophysiten» in Konstantinopel mögen die Ägypter nicht folgen. Der Monophytismus der koptischen Kirche wird zum Symbol des nationalen Widerstands gegen die kaiserliche Kirchenpolitik.

Unverzüglich wird der ägyptische Patriarch exkommuniziert, weshalb in dem nachfolgenden Glaubenskrieg am Nil oft zwei kirchliche Oberhäupter die Wahrheit vertreten: ein Repräsentant der orthodoxen Kirche Konstantinopels sowie der monophysitische Führer der Mehrheit der ägyptischen koptischen Christen. Mit zahllosen Unruhen, schlimmster Unterdrückung und Ausbeutung gipfelt die byzantinische Schreckensherrschaft unter Kaiser Justinian (527 bis 565) am Schluss in einem Blutbad, dem mutmaßlich 200 000 Ägypter zum Opfer fallen. Am Ende werden im Jahre 639 die arabischen Eroberer als Erlöser empfangen.

Unter der Herrschaft der Kalifen (640 bis 935)

Noch während sich im byzantinischen Reich die Auseinandersetzungen um Macht und Wesenheit Christi zutragen, bricht auf der arabischen Halbinsel der etwa 50-jährige Kaufmann Mohammed am 15. Juni 622 von Mekka nach Medina auf und wird damit zum Stifter der jüngsten Weltreligion. Auf dem Berg Hira hat sich ihm zuvor Gott offenbart und durch den Engel Gabriel verkünden lassen: *Oh Mohammed! Du bist der Prophet Allahs!* So zieht der Erneuerer der Religion Abrahams und Nachfolger der Propheten Moses und Isa (Jesus) aus, um gegen die Verfälschungen des Glaubens durch die Juden und Christen unter dem grünen Banner des Propheten die arabischen Stämme zu einen. Mit der «Hedschra», Mohammeds Zug von Mekka nach Medina, beginnt die islamische Zeitrechnung.

Auf den Lippen das Glaubensbekenntnis: *Es gibt keinen Gott außer Allah, und Mohammed ist sein Prophet,* unterwerfen und bekehren die Anhänger dieses neuen Monotheismus die arabischen Stämme. Als Schutzbefohlene des einzigen göttlichen Herrschers nur den im Koran offenbar-

ten Gesetzen anbefohlen, vollzieht sich in Windeseile die geistige und politische Einigung der Araber. Im Jahr 630 kehrt der Prophet triumphierend nach Mekka zurück, das zum religiösen Mittelpunkt der gesamten islamischen Welt wird. Der Siegeszug des Islam beginnt.

Nach Mohammeds Tod rückt sein Schwiegervater und Nachfolger, Kalif Abu Bekr (632 bis 634), mit seinen Kämpfern gegen Syrien und Persien vor, die im Anschluss von Omar, dem «Beherrscher der Gläubigen» (634 bis 644), vollends erobert werden. Westlich marschiert Omar in Palästina ein, Jerusalem fällt 638, und sein Heerführer Amr Ibn Al-As besetzt 642 Ägypten. Wenige Kilometer südlich des heutigen Kairos wird der militärische Stützpunkt Fustat errichtet. Und wenn für die Muslime auch das Gebot zum «Dschihad» (Heiliger Krieg) besteht, werden die Unterworfenen doch weder bekehrt noch zum rechten Glauben genötigt.

Die Wahl ist frei: entweder zum Islam übertreten, oder – alternativ – eine «Ungläubigensteuer» zahlen. Dennoch bleibt nur eine Minderheit der Ägypter der koptischen Kirche treu. Innerhalb kürzester Zeit bekennt sich der größte Teil zum Islam, und mit dem neuen Glauben setzt sich bald auch die arabische Sprache durch. Schnell entwickelt sich die schlichte Feldlagerstadt Fustat zum Verwaltungs- und Handelszentrum der arabischen Provinz Ägypten.

Unter der Dynastie der Omayyaden, die bis 750 von Damaskus aus regieren, erreicht das riesige arabische Herrschaftsgebiet eine Ausdehnung von der Iberischen Halbinsel über Nordafrika bis nach Zentralasien. Da die Omayyaden in ihrer Spätzeit jedoch allzu sehr die Früchte ihres Reichtums genießen, sich prunkvolle Wüstenschlösser errichten und dort den Sinnenfreuden hingeben, fegt sie am Ende ein Aufstand hinweg. Im Jahre 750 gelangt die Kalifen-Dynastie der Abbasiden an die Macht, die ihren Regierungssitz in das

Bilder rechts und nächste Doppelseite
Doppelheiligtum für Haroeris und Sobek
in Kom Ombo, erbaut in Ptolemäerzeit:
• Reliefs mit dem falkenköpfigen Gott Haroeris, chirurgischen Instrumenten und dem krokodilköpfigen Gott Sobek
• Tempelhof mit Blick auf Vorhalle

von ihnen gegründete Bagdad verlegt. Infolge von Vettern-wirtschaft, Korruption und einer bedrückenden Steuerlast brechen im gesamten arabischen Reich Unruhen aus. Auch die ägyptischen Kopten sehen sich zunehmend unterdrückt. Ausschreitungen sind an der Tagesordnung, die Maamun, Sohn des Kalifen Harun Al Raschid (bekannt aus «Tausend-undeiner Nacht»), blutig niederwerfen lässt.

Um das gigantische Reich auch für die Zukunft zusam-menzuhalten, müssen die Kalifen in Bagdad zur Verstärkung ihrer militärischen Präsenz nun Sklavengarden aus dem Schwarzmeergebiet einkaufen. Und wegen der verzärtelten, kulturell allzu verfeinerten Lebensart ihrer Gebieter werden die Sklaven alsbald selbst die Herren im Haus. Vom Kom-mando in der Leibgarde steigen sie in höchste militärische und zivile Positionen auf. Die Kalifen kommt der Unterhalt ihrer Armeen schließlich so teuer zu stehen, dass sie ab dem 9. Jahrhundert anstatt einer Besoldung ganze Provinzen als eine Art Privatlehen vergeben.

Ab 868 regiert der als Sohn eines türkischen Sklaven am Abbasiden-Hof herangewachsene Achmed Ibn Tulun in Ägypten. Er ist der erste von Bagdad vollkommen unabhän-gige Emir im Land und Wegbereiter einer glanzvollen mittel-alterlichen Epoche. Wenig nördlich von Fustat gründet er am Ufer des Nils die Stadt El Qatai und lässt dort – in der heutigen ägyptischen Hauptstadt im Süden des Islamischen Kairo gelegen – bis 879 die Ibn-Tulun-Moschee errichten, die drittgrößte Moschee der Welt und eines der großartigs-ten Kleinode islamischer Architektur. Keine vier Jahrzehnte später übernehmen die Abbasiden wieder die Macht am Nil. Im Jahre 905 erstürmen sie das Land und machen El Qa-tai dem Erdboden gleich, nur die Moschee wird geschont. Ein letztes Mal erlangt Ägypten seine Unabhängigkeit von 935 bis 969 unter dem Herrscher Muhammad al Ichshid, dann fallen von Tunesien her die schiitischen Fatimiden ein.

Unter selbständigen Herrschern (969 bis 1250)

Mit dem Einzug der Fatimiden bricht eine glückliche Zeit inneren Friedens und Wohlstands an. Ab 969 lenken die schiitischen Herrscher, die ihre Abstammung von Mohammeds Tochter Fatima ableiten, für die nachfolgenden 200 Jahre die Geschicke Ägyptens. Wirtschaft, Wissenschaft und Kultur blühen auf. Von China bis nach Italien werden Handelsbeziehungen geknüpft und großartige Bauwerke entstehen. Es sind die Sternstunden der mittelalterlichen is-lamischen Kunst, die in jener Epoche zu höchster Vollen-dung gelangt. Gleich nach der Einnahme Ägyptens gründen die Fatimiden zur Krönung ihres allumfassenden Siegs 969 die Stadt Al Qahira (Die Siegreiche) – das heutige Kairo. Ein Jahr später wird dort bereits der Grundstein zur Al-Azhar-Moschee gelegt, das Herzstück der wenige Jahre später er-öffneten Al-Azhar-Universität, der ältesten Universität des Islam überhaupt und bis heute eines seiner wichtigsten the-ologischen Zentren.

Noch vor der Jahrtausendwende übernimmt der ebenso überspannte wie absonderliche religiöser Fanatiker El Ha-kim das Kalifat. Unter diesem schon von den mittelalter-lichen arabischen Historikern als «verrückt» beschriebenen Kalifen setzt eine brutale Verfolgung der Juden und Christen ein. Willkür und Despotismus regieren das Land, Hinrich-tungen sind an der Tagesordnung. Ein Dekret untersagt die Herstellung von Schuhen für Frauen, damit diese nicht mehr aus dem Haus gehen können. Und wenn es dem Kalifen be-liebt, die Nacht zum Tag zu machen, schmiedet er flugs ein Gesetz, das Schlaf in der Nacht und Arbeit am Tag unter Todesstrafe stellt.

1017 erfolgt die Erklärung seiner Göttlichkeit durch die schiitische Sekte der Drusen, vier Jahre später löst sich El Hakim während einem seiner geliebten Inkognito-Streifzü-ge durch die Straßen von Kairo auf unerklärliche Weise in Luft auf. Nur sein Esel und seine Kleider bleiben zurück – und noch heute warten die gläubigen Drusen auf die Wie-derkehr seiner Herrlichkeit. Solange müssen sie mit einer steinernen Hinterlassenschaft des Kalifen vorlieb nehmen: der El-Hakim-Moschee in Kairo, die mit ähnlich Ehrfurcht

Bilder rechts und nächste Doppelseite
Der Horus-Tempel in Edfu, erbaut ab 237 v. Chr.:
• Eingangspylon, Säulensaal, Horusfalke
• Vorhof und Vorhalle, Heilige
Barke, Raum des Allerheiligsten

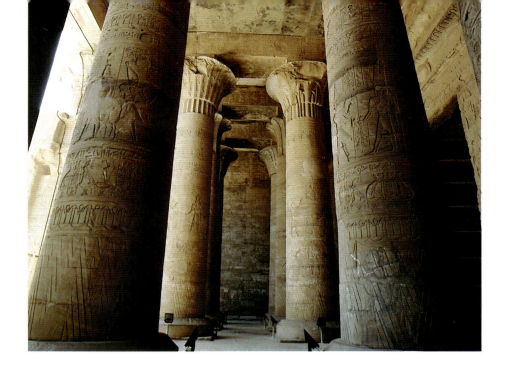

gebietenden Ausmaßen wie die ältere Ibn-Tulun-Moschee besticht.

Internationale Geschichte schreibt der «verrückte Kalif» 1009 durch die Zerstörung der ersten Jerusalemer Grabeskirche im Vorfeld der christlichen Kreuzzüge. Und als würde Ägypten abermals von biblischen Plagen heimgesucht, ziehen in der zweiten Hälfte des 11. Jahrhunderts Dürre, Pest und Hungersnöte heran. Innenpolitische Wirren stürzen das Land in tiefes Chaos, während von außen die türkischen Seldschuken vorstoßen. Von der erbitterten Gegnerschaft zwischen Seldschuken und Fatimiden profitieren die christlichen Kreuzfahrer, die «Franken», wie die Araber sämtliche abendländischen Kreuzfahrerländer bezeichnen. 1098 landen die christlichen Gottesritter im Heiligen Land und erobern ein Jahr darauf Jerusalem, wo sie ein grauenhaftes Blutbad verüben. Ein weiterer politischer Schauplatz stellt kurz vorher Mosul im heutigen kurdischen Teil des Irak dar, von wo aus dem seldschukischem Sultan Imad Ad Din Sengi und nach ihm seinem Sohn Nur Ad Din (1118 bis 1174) die Einigung der verfeindeten muslimischen Welt zum Widerstand gegen die Kreuzfahrer gelingt.

Im Jahre 1169 entsendet Sultan Nur Ad Din zur Eroberung Alexandrias seinen Neffen Salah al-Din Al-Ayyubi: den ebenso geachteten wie gefürchteten «Saladin», wie die Kreuzritter ihren erbittertsten Gegenspieler und mächtigen Begründer der ägyptischen Ayyubiden-Dynastie bald nennen. 1171 jagt Saladin die fatimidischen Kalifen davon und lässt in Kairo mit zehn Meter hohen und drei Meter dicken Mauern die berühmte Zitadelle errichten, ein nahezu unbezwingbares Bollwerk, das heute noch majestätisch im Südosten der ägyptischen Hauptstadt thront.

Nach dem Tod Nur Ad Dins ist Sultan Saladin unumschränkter Herrscher über Ägypten. 1174 erobert er Syrien, 1187 Jerusalem. Im Verlauf des 3. Kreuzzugs, in den die größten Herrscher des Abendlands ziehen – unter ihnen solch illustre Persönlichkeiten wie Kaiser Friedrich I. Barbarossa, der englische König Richard Löwenherz und Philipp II. von Frankreich –, fügt er den Christen vernichtende Schläge zu. 1192 kommt es zum Waffenstillstand, wobei die Kreuzfahrer nur einen schmalen Küstenstreifen in Palästina behalten. Saladin hat an allen Fronten gesiegt. 1193 stirbt der große ayyubidische Herrscher, dem selbst das Abendland hohe Bewunderung zollt.

Der Kampf um Jerusalem geht in die nächste Runde. In der Zeit des 4. und des 5. Kreuzfahrerzugs beginnen die Nachfolger Saladins ihre Heeresverbände mit «Mamluken» zu verstärken (von arabisch *malaka*, besitzen), türkischen und kaukasischen Militärsklaven, welche die Sultane überwiegend vom Schwarzmeergebiet her einkaufen. Eine zusätzliche Gefahr droht aus dem Fernen Osten durch die Mongolen, die ihr Reich unter Dschinghis Khan bereits vom Pazifik bis in den Vorderen Orient hinein ausdehnen konnten und 1258 Bagdad erobern.

Nach dem Tod des Sultans Es-Salih im Jahr 1250 gelangt erstmals seit Kleopatra wieder eine Frau auf den ägyptischen Thron. Im Rahmen einer politischen Intrige wird diese letzte ayyubidische Herrscherin umgebracht und die mamlukischen Heerführer greifen nach der Macht.

Ägypten zur Zeit der Mamluken (1250 bis 1517)

Unter den mamlukischen Militärs, nach ihrer Kaserne auf einer Nilinsel in Kairo auch «Bahri-Mamluken» genannt (*Bahri* = Fluss), sticht der Feldherr und glänzende Stratege Baybars hervor. Als Sultan Baybars I. begründet er 1260 die Mamluken-Dynastie, die Ägypten in den folgenden drei Jahrhunderten in einen Soldatenstaat verwandeln wird. Schon mit Beginn der mamlukischen Herrschaft steigt das Land zur führenden Militärmacht auf. Ägyptische Heeresverbände stellen sich erfolgreich dem Ansturm der Mongolen entgegen, anschließend wird 1270 als letztes christliches Bollwerk im Heiligen Land die Stadt Akkon geschleift.

Bilder rechts und nächste Doppelseite
Hathor-Tempel von Dendera bei Qena, erbaut in der Ptolemäerzeit, im letzten vorchristlichen Jahrhundert:
• Eingangstor, Blick ins Innere, Vorhalle mit 24 Säulen (oben Hathors Gesicht), Gott Bes – Patron der Gebärenden
• Hof und Tempel in 2 Perspektiven, ein Relief auf der Tempelhinterseite zeigt Kleopatra mit dem kleinen Caesarion (ihrem nichtehelichen Sohn von Julius Caesar)

Im Hof des Griechisch-Römischen Museums in Alexandria

Die Kreuzfahrerzeit, die ungefähr anderthalb Millionen Menschenleben forderte, geht damit endgültig zu Ende.

So erfolgreich sich die Mamluken in der Kriegsführung erweisen, so despotisch lenken sie ihr Schreckensregime in Ägypten. Das Land entwickelt sich zu einer Oligarchie von türkischen Soldatensklaven. Diese werden noch als Kinder an den Nil gebracht, dort militärisch gedrillt und anschließend in den Dienst der Emire gestellt, welche in Ägypten nicht nur wichtige Regierungsämter bekleiden, sondern auch über Privatarmeen verfügen. In treuer Ergebenheit eines jeden Mamluken zu seinem militärischen Haus *(Beyt)* ist

seine Karriere unmittelbar an die erfolgreiche Machtpolitik seines Emirs geknüpft. Kann sich der eigene Beyt gegen andere, konkurrierende Militärhäuser durchsetzen und die einflussreichste Streitmacht im Land aufbauen, bietet sich dem ehrgeizigen Soldaten selbst die Gelegenheit, eventuell zum Emir oder sogar zum Sultan emporzusteigen.

Ein solches auf Machtgier abgestelltes hierarchisches System öffnet dem Komplott Tür und Tor. Politische Morde, Verschwörungen und Umsturzversuche gehören zum Alltag, kaum ein Sultan stirbt eines natürlichen Todes. Während die Fellachen auf den Feldern erbarmungslos ausgepresst werden, 1302 ein Erdbeben Kairo verwüstet und Mitte des 14. Jahrhunderts der Schwarze Tod grassiert, schwelgt die mamlukische Soldatenaristokratie in Luxus und Reichtum. In verschwenderischer Pracht lassen die Sultane Kairo wiedererstehen. Prunkvolle Paläste, Moscheen und Karawansereien werden gebaut und verwandeln die ägyptische Hauptstadt in einen Ort wie aus «Tausendundeine Nacht». Noch in der ersten Hälfte des 14. Jahrhunderts wird innerhalb der Zitadellenumwallung die An-Nasir-Moschee fertiggestellt und in der zweiten Hälfte, der Zitadelle zu Füßen, die monumentale Sultan-Hassan-Moschee – finanziert aus dem Nachlass der zahllosen Pestopfer.

1382 reißen die nach ihrer Garnison nahe der Zitadelle so bezeichneten «Burgi-Mamluken» die Macht an sich. Sämtliche Schlüsselpositionen in Wirtschaft und Politik werden mit ihrer Gefolgschaft besetzt. Für die geknechtete Bevölkerung bringt dieser Machtwechsel indes keine Verbesserung. Erst als ein Jahrhundert später die scheinbar unerschöpflichen Staatseinnahmen aus dem Indienhandel versiegen – 1492 entdeckt Kolumbus Amerika und fünf Jahre später Vasco da Gama den Seeweg nach Indien – sind die Stunden der mamlukischen Herrschaft gezählt. Zudem schwächt sie ihre militärische Rückständigkeit, allzu geringschätzig blicken die Recken auf den neumodischen Gebrauch des Schießpulvers herab.

Die osmanische Herrschaft (1517 bis 1798)

Dagegen verfügt ihr gefährlichster äußerer Feind mittlerweile über eine beachtliche Artillerie. Noch während der Herrschaft der Bahri-Mamluken erfolgt 1301 die Gründung des Osmanischen Reichs. In den Kriegen 1359 bis 1389 erobern die Türken das gesamte byzantinische Imperium – bis auf Konstantinopel, das nach seiner Belagerung 1453 fällt und Metropole des Osmanenreichs wird. Dieses hat Anfang des 16. Jahrhunderts bereits eine Ausdehnung von der Donau bis hin zum Euphrat erreicht. Im Jahr 1517 wird Ägypten eingenommen, und Kairo fristet fortan sein Schicksal als eine verschlafene Provinzhauptstadt im Osmanischen Reich.

Militärstrategisch nicht von Interesse und fernab vom politischen Weltgeschehen verödet das Land am Nil. Als Statthalter des türkischen Sultans regiert nun ein Pascha, doch für die einfachen Menschen ändert sich wenig. Das überkommene Steuer- und Lehnsystem bleibt weiterhin gültig und auch die Mamluken-Elite, inzwischen getreuer Vasall der Osmanen, behält Ämter und Würden. Ihre Aktivitäten beschränken sich auf das Steuereintreiben, Ägypten wird vollständig ausgeplündert. Was an Einnahmen nicht zur Aufrechterhaltung der inneren Sicherheit unabdingbar ist, fließt an den Sultan mit Sitz im Palast der Hohen Pforte in Konstantinopel.

Als nach annähernd 300-jähriger osmanischer Herrschaft im Sommer 1798 Napoleons Truppen im Nildelta landen, finden sie Ägypten in erbarmungswürdiger Verfassung vor. Nur noch zwischen drei bis vier Millionen Menschen bevölkern das Land, etwa halb soviel wie zur Zeit der arabischen Eroberung knapp 1 200 Jahre zuvor.

Das napoleonische Intermezzo (1798 bis 1801)

Überzeugt, dass «der Weg nach London über Ägypten» führe, hatte der französische General Napoleon Bonaparte gegen den englischen Erzfeind eine Ägypten-Expedition ausgerüstet. Ein 38 000 Mann starkes Heer würde, so die Strategie, vom Nahen Osten aus den britischen Indienhandel blockieren, wozu über Stellungen in Ägypten zunächst Palästina eingenommen werden müsse. In Napoleons Tross reisen auch 167 Wissenschaftler und Künstler: Architekten und Ingenieure, Geografen und Archäologen, Maler und Zeichner. Mit Mess- und Schreibutensilien erobern sie das im Wüstensand versunkene pharaonische Erbe. Zerfallene Monumente und im Nilschlamm vergrabene Tempel, Wälder geborstener Säulen und Obelisken, umgestürzte Kolosse, verwitterte Fresken mit geheimnisvollen Hieroglyphen und steinerne Chimären mit Löwenleib und Menschenkopf werden freigelegt, katalogisiert und gezeichnet. Und das mitten im Kampfgetümmel!

In der glühenden Sommerhitze stoßen im Juli 1798 zu Füßen der Pyramiden die durchfallkranken französischen

Das Fort Kait Bey (erbaut im 15. Jh.) in Alexandria steht an der Stelle des berühmten antiken Pharos-Leuchtturms

Truppen und die osmanische Mamluken-Armee aufeinander. Angefeuert durch den Ehrfurcht gebietenden Ausruf des Generals: *Männer, 40 Jahrhunderte blicken auf euch herab!*, schlagen sie innerhalb weniger Stunden die türkische Armee in die Flucht. Derweil bannen ungeachtet aller Gefahren Napoleons Künstler die Kriegsszenerie auf Papier. Unter ihnen befindet sich der Literat, Maler und Zeichner Dominique Vivant Denon, dessen 1802 erscheinendes Buch *Voyage dans la Haute et Basse Egypte pendant les campagnes du Général Bonaparte* in Europa eine regelrechte «Ägypto-

manie» auslösen wird. Wie kaum eine andere Persönlichkeit trägt Vivant Denon zum wissenschaftlichen Gelingen der französischen Ägypten-Expedition bei.

Dagegen bleibt ihr militärischer Erfolg von kurzer Dauer. Nur eine gute Woche, nachdem auf der Zitadelle in Kairo die Trikolore weht, versenkt die britische Flotte unter Admiral Nelson in einer Bucht bei Alexandria das gesamte französische Schiffskontingent. Napoleons Truppen ist der Rückzugsweg abgeschnitten, sie sind Gefangene in dem von ihnen besetzten Land. Zwar werden nun das französische

Verwaltungssystem eingeführt, blockierte Kanäle freigeräumt, Straßen, Häuser und Brücken gebaut, dennoch hat die ägyptische Bevölkerung unter der Herrschaft der Bajonette nichts zu lachen. Für den Verlust der napoleonischen Flotte werden übertrieben hohe Steuern erhoben und Widerstand mit dem Niederbrennen ganzer Dörfer und Exekutionen vergolten.

Nicht das Land und die Menschen – allein die alte ägyptische Baukunst wird in ihrer vollen Größe gewürdigt. Im August 1798 gründet Napoleon das «Institut d'Egypte» für «die Erforschung, Untersuchung und Publikation der naturkundlichen, gewerblichen und geschichtlichen Aspekte Ägyptens» und bereitet damit den Weg für das Studienfach Ägyptologie.

Einen Monat später erklärt im September 1798 das Osmanische Reich Frankreich den Krieg. Die mit den Türken verbündeten Länder England, Russland, Österreich und Portugal rüsten zum Zweiten Koalitionskrieg (1799 bis 1802) gegen Napoleon. Schließlich landet im Frühjahr 1801 die britisch-osmanische Flotte unter Lord Keith in Ägypten und besiegt die Franzosen, die nach ihrer Kapitulation heimkehren dürfen. Einen Großteil der archäologischen Schätze müssen sie jedoch an die Engländer übergeben, darunter alle Bestände des «Institut d'Egypte», die in das Eigentum des Britischen Museums in London übergehen. Mit im Gepäck geht auch der Stein von Rosetta auf die Reise, mit dessen Hilfe später Jean-François Champollion das Geheimnis der Hieroglyphen lüften wird.

Nachdem bereits Vivant Denons *Ägyptische Reise* 1802 europaweit zum Bestseller geworden ist, erscheint ab 1809 in Frankreich in neun Text- und vierzehn prächtigen Bildbänden die *Description de l'Egypte*. Und wie ein Lauffeuer verbreitet sich im abendländischen Bildungsbürgertum die Kunde vom sagenhaften Land am Nil. Man gerät total aus dem Häuschen, ein Ägypten-Fieber bricht los. Alles nur Denkbare wird orientalisiert und sogar Tapeten und Tafelgeschirr werden mit Hieroglyphen verziert. Schwüle Abbildungen von dürftig bekleideten Haremsdamen kommen in Mode – kuriose Ausgeburten der erotischen Phantasie, da kein Europäer jemals einen echten Harem von innen zu Gesicht bekommen hat. In den puritanisch vertrockneten hö-

heren viktorianischen Kreisen wird das Mumienauswickeln zum bevorzugten Gesellschaftsspiel und wer es sich leisten kann, bricht auf zur «Grand Tour de l'Egypte», einer Bildungsreise in das exotische Ambiente Ägyptens.

Mohammed Ali Pascha (1805 bis 1849)

Mit dem britisch-osmanischen Heer, das die Franzosen aus Ägypten verjagt, gelangt im albanischen Kontingent ein kleiner dicklicher Offizier an den Nil: Mohammed Ali, Kaufmann und vermutlich Analphabet, der bald darauf zu einem der größten ägyptischen Politiker aufsteigen wird. Nach dem Abzug der europäischen Truppen herrschen bürgerkriegsähnliche Zustände im Land, mamlukische Beyts bekämpfen sich untereinander und ringen zugleich mit den Osmanen um die Vorherrschaft. Von außerordentlichem Machtinstinkt beseelt, kann der charismatische Mohammed Ali innerhalb weniger Jahre die Ordnung am Nil wieder herzustellen.

1805 ernennt ihn die Hohe Pforte in Konstantinopel zu ihrem Statthalter und Mohammed Ali zieht als neuer Pascha Ägyptens in die Zitadelle von Kairo ein. Den Erfolg krönt er 1807 mit seinem Sieg über die Briten bei Damiette, doch erst eine furchtbare Bluttat festigt auch innenpolitisch seine Macht. In einer Art «ägyptischen Bartholomäusnacht» lässt der Pascha am 1. März 1811 in der Zitadelle annähernd 500 mamlukische Anführer nach einem Festmahl gnadenlos niedermetzeln und räumt damit auf einen Schlag die gesamte alte ägyptische Elite aus dem Weg. So geht die viele Jahrhunderte währende Mamluken-Herrschaft blutig zu Ende, von nun an regiert Mohammed Ali mit alleiniger, unumschränkter Autorität.

Noch während sich die neue Machtkonstellation in Ägypten erst abzuzeichnen beginnt, ziehen auf der lukrativen Jagd nach pharaonischen Schätzen bereits zahlreiche europäische Abenteurer an den Nil. In den folgenden Jahrzehnten ist das Land «zur Plünderung freigegeben», wie es der englische Forschungsreisende Richard Burton beklagt, «Vermögen wurde gemacht durch Grabungen, nicht nach Gold, sondern nach Altertümern».

Als emsigste Exporteure ägyptischer Antiken tun sich der italienische Diplomat Bernardino Drovetti und sein Landsmann Giovanni Belzoni hervor. Drovetti, der sich der Wertschätzung durch Mohammed Ali erfreut, plündert für Frankreich, Belzoni steht als Hauptagent im Dienst des britischen Generalkonsuls Henry Salt. So setzen die beiden europäischen Erzrivalen ihren ägyptischen Krieg mit anderen Mitteln fort. Eine Schlacht an der Ausgrabungsfront beginnt. Mit Hilfe von geheim operierenden Spähtrupps und insbesondere dank der außerordentlichen Unverschämtheit seines Agenten Belzoni kann sie der Engländer Salt zu seinen Gunsten entscheiden.

Schon Belzonis erster wird auch sein famosester Coup. Aus dem Ramesseum in Theben lässt er 1816 den fast acht Tonnen schweren Granitkopf Ramses II. nach London ins Britische Museum verschiffen. In den folgenden vier Jahren bis zu seinem Tod öffnet er die Chephren-Pyramide in Gizeh, stöbert die herrlichsten Gräber im Tal der Könige auf und schaufelt in der Wüste im südlichsten Zipfel Ägyptens den vom Sand zugewehten Tempel von Abu Simbel frei. Diesen hatte erst wenige Jahre vorher der Schweizer Orient- und Afrikaforscher Johann Ludwig Burckhardt entdeckt.

Infolge dieser phantastischen Beutezüge besitzt heute jede wichtige europäische Metropole ihren persönlichen Obelisken, Rom sogar sieben. Die Mehrzahl der 574 Sphingen, die einst den Mut-Tempel in Karnak schmückten, befinden sich in London im Britischen Museum, ebenso wie der Kopf und der linke Arm eines Kolosses, dessen verbliebene Körperteile noch heute vor dem Mut-Tempel liegen. Hunderte Papyri, Skarabäen, Amulette, Mumien und Statuen, darunter die berühmte Bildsäule von Ramses II., sind im Ägyptologischen Museum von Turin ausgestellt, die «Königstafeln von Karnak» zieren den Pariser Louvre und die bildschöne Büste der Königin Nofretete das Ägyptische Museum in Berlin.

Und während die Europäer auf Antikenjagd gehen, sammelt der ehrgeizige Pascha Mohammed Ali Länder. Eigentlich nur Repräsentant der osmanischen Sultane, verfolgt der Beherrscher Ägyptens aggressiv seine eigene Expansionspolitik. In blutigem Krieg ringt er 1813 Mekka und Medina mit einem großen Teil der Arabischen Halbinsel nieder, 1822/23

den Sudan und 1831 schließlich Syrien. Sein Vorstoß auf Konstantinopel ruft endlich die europäischen Großmächte auf den Plan, die 1840 den Siegeszug Mohammed Alis stoppen und den «Kranken Mann am Bosporus», das niedergehende Osmanische Reich, vor der Einverleibung durch Ägypten bewahren.

Am Nil läuft auf Veranlassung Mohammed Alis unterdessen ein gewaltiges Sanierungsprogramm an. Wirtschaft, Militär, Handel, Verkehr, Verwaltung und Bildungswesen werden reformiert und für das erforderliche Wissen Hunderte junger Ägypter zum Studium nach Paris und London entsandt. Zur Verbesserung der Infrastruktur werden Landstraßen gebaut, zur intensiveren Nutzung des kostbaren Wassers neue Dämme und Kanäle gezogen. Im Delta entsteht der erste Staudamm Ägyptens, der Barrage du Nil nördlich von Kairo. Darüber hinaus führt Mohammed Ali neue Nutzpflanzen ein.

Neben Reis, Indigo und Zuckerrohr fördert er insbesondere den Anbau von hochwertiger Baumwolle, die später zum wichtigsten Exportartikel des Landes wird. Er verstaatlicht den Grundbesitz, mit dem er allerdings bald wieder seine treusten Regierungsbediensteten beschenkt, und treibt die Industrialisierung voran. In Gießereien und Zuckerraffinerien, Papier- und Textilfabriken stampfen die Maschinen. Für die Verbindung Alexandrias mit dem Nil lässt er 1819 bis 1823 nach alter Pharaonen-Manier von 350 000 Arbeitern den Mahmudiya-Kanal anlegen. 60 000 Menschen sterben dabei an Hunger und durch Epidemien.

Schließlich ist durch die neue, schier unerschöpfliche Trinkwasserversorgung der Grundstein zum rasanten Wiederaufstieg Alexandrias unter die führenden kosmopolitischen Weltstädte gelegt. Es werden Neubauviertel im europäischen Stil errichtet und die Stadt wächst zur größten ausländischen Gemeinde Ägyptens an. Zum Zeichen seiner Macht befiehlt Mohammed Ali in Alexandria auf der Westseite von Pharos den Bau des Ras-El-Tin-Palasts, in dem nach ihm bis zur Abdankung König Faruks 1952 sämtliche ägyptischen Könige residieren.

1849 stirbt der Pascha im Alter von 80 Jahren geistig umnachtet. Doch das Land am Nil ist in seiner Regierungszeit aus einem Jahrhunderte dauernden Dornröschenschlaf auf-

Alexandria: Uferstraße des Osthafens

gewacht. Im Todesjahr Mohammed Alis reist als junger Mann der französische Schriftsteller Gustave Flaubert durch Ägypten und schreibt in der Atmosphäre des Aufbruchs im Anblick der altehrwürdigen Ruinen: *Die Häuser wohnen zwischen den Säulenkapitellen, Hühner und Tauben hocken und nisten auf den großen Lotosblättern ... Hunde laufen bellend über die Mauern. So rührt sich eine kleine Welt in den Trümmern einer großen.*

Mohammed Alis Nachkommen (1849 bis 1914)

Elf Monate vor seinem Tod tritt Mohammed Ali bereits das Regierungsgeschäft an seinen Sohn, den eleganten Ibrahim ab, der nur wenige Wochen regiert. Ihm folgt Ibrahims Neffe Abbas I. und nach dessen Ermordung 1854 sein neun Jahre jüngerer Onkel Said, der älteste von Mohammed Alis noch lebenden Söhnen, unter dem der Bau des Suezkanals in Angriff genommen wird. Der Bauauftrag wird Ferdinand de Lesseps erteilt und mit französischem Kapital erfolgt die Gründung der Suezgesellschaft – mit einer 1854 gewährten Konzession für die folgenden 99 Jahre ab Inbetriebnahme der künstlichen Wasserstraße. Für die Ägypter erweist sich das Projekt als die größte Gaunerei aller Zeiten. Auf Kosten des Landes wird der Kanal von ägyptischen Fronarbeitern ausgehoben, aber außer einem geringfügigen Pachtzins fließen sämtliche Einnahmen an die Investoren im Ausland. Gegen eine hohe Entschädigungssumme gelingt es Said, den Vertrag nachzuverhandeln. Doch muss er dafür den ersten Auslandskredit in der Geschichte Ägyptens aufnehmen.

1859 ist Baubeginn. Zehn Jahre später wird der Kanal in der Regierungszeit Ismail Paschas, des dritten von Ibrahims vier Söhnen, fertiggestellt und von nun an bleibt den Indienseglern die ebenso zeitaufwendige wie kostspielige Umschiffung Afrikas erspart. Zur feierlichen Kanaleröffnung geben sich internationale Prominenz und Staatsoberhäupter aus aller Welt am Nil ein Stelldichein. Mit großem Spektakel wird Verdis in Ägypten angesiedelte Oper *Aida* in Kairos neu erbautem Opernhaus uraufgeführt.

Mit der Unterstützung europäischer Bankiers und Berater treibt Ismail die Modernisierung des Landes weiter voran. Noch mehr Bewässerungskanäle, Brücken, Straßen und Fabriken entstehen und ein Eisenbahnnetz wie ein Post- und Telegrafensystem werden aufgebaut. Von der Hohen Pforte erkauft sich der Pascha den Titel eines «Khediven» (Vizekönig). Dieser ermöglicht es ihm nicht nur ohne vorhergehende Konsultation des türkischen Sultans Vorschriften zu erlassen und Außenpolitik zu gestalten; der Khedive ist auch mit einer direkten Erbfolge versehen, die den Nachfolgern Mohammed Alis für die Zukunft den ägyptischen Thron sichert.

So klettern die Schulden bald auf über hundert Millionen englische Pfund, der Staatsbankrott droht. Derweil lässt es sich Ismail gut gehen. Als beispielloser Verschwender ist er zugleich Ägyptens bedeutendster Großgrundbesitzer. In seinen Händen befinden sich fast 20 Prozent der landwirtschaftlichen Anbaufläche und die Profite, die das Land mit dem Anstieg der Baumwollpreise durch den Amerikanischen Bürgerkrieg einstreicht, wandern größtenteils in seine private Schatulle.

Schließlich bietet Ismail für die Abwendung des Staatsruins an den internationalen Börsen die ägyptischen Aktienanteile am Suezkanal an. Diese einzigartige Chance, die wichtigste Wasserstraße der Welt zu kontrollieren, ergreift England beim Schopf und erwirbt 1875 die Mehrheit der Wertpapiere. Die Herrschaft über den Kanal sowie die Sicherung der Durchfahrtsrechte liegen nun hundertprozentig in englischer Hand. Zusätzlich lässt das heillose Wirrwarr öffentlicher und privater Kassen, das mit der gigantischen Auslandsverschuldung einhergeht, bei den Gläubigern in London und Paris die Alarmglocken schrillen. Zur Aufsicht über das unkalkulierbare ägyptische Finanzgebaren wird ein englisch-französisches Kontrollorgan installiert, das für die Bedienung der europäischen Schulden drei Viertel der jährlichen Einnahmen Ägyptens einstreicht. Ismail muss seine Privatgüter aufgeben und 1879 auf Betreiben der Großmächte hin abdanken. Sein Sohn Taufik besteigt als neuer Khedive den Thron.

Angesichts der offenkundigen Imperialpolitik von Seiten der Europäer brechen 1881 unter dem Motto «Ägypten den Ägyptern» Aufstände los. «Um den Khediven zu schützen» besetzen im Jahr danach britische Truppen das Land, 1883 wird Alexandria bombardiert, und bald darauf herrscht de facto der englische Generalkonsul Lord Cromer, der den letzten Khediven Abbas II. Hilmi quasi als Marionette an seinen Fäden tanzen lässt.

Cromer bringt die ägyptischen Bücher in Ordnung und die Behörden auf Trab. In seine Zeit fällt der Bau des ersten Assuan-Staudamms (1902), der mit Talsperren in Assiut (1903) und Esna (1906) einhergeht und insgesamt die Abhängigkeit der Landwirtschaft vom Glück oder Unglück der alljährlichen Nilflut beendet. Ausgedehnte Baumwollplantagen schmücken das Land, die Englands Textilindustrie zu Spottpreisen mit den weißen Wollbäuschen beliefern. Dafür hält sich Ägypten wie alle anderen Kolonien des Britischen Empires als Absatzmarkt für englische Fertiggüter parat. Erstmals in seiner Geschichte muss die einstige Kornkammer Roms Getreide importieren.

Um am neuen Reichtum zu partizipieren, wandern Tausende Europäer ein, überwiegend nach Kairo und Alexandria. Der Bevölkerungsanstieg in den letzten Amtsjahren Cromers verdankt sich zur Hälfte der europäischen Immigration, die 1914 über mehr als 90 Prozent des Kapitals aller in Ägypten niedergelassenen Gesellschaften verfügt. Ein Anlass, noch dünkelhafter und hochmütiger zu sein. In Cromers Essay *The Government of the Subject Races*, dessen Titel sich schon wie ein Programm liest, drückt sich die geballte Arroganz europäischen Denkens aus: *Die Entscheidung jeder konkreten Frage*, schreibt der englische Lord, *sollte sich unbedingt daran orientieren, was wir im Lichte westlichen Wissens und westlicher Erfahrung als das Beste für diese Untertanenrasse erachten.*

Ismailia am Südende des Suezkanals: Frachter und Fähre

Unter britischer Hegemonie (1882 bis 1952)

Wenn die Briten in Ägypten auch massiv Einfluss nehmen, steht das Land nominell doch noch immer unter der Oberhoheit des Osmanischen Reichs. Mit dem Ausbruch des Ersten Weltkriegs erklärt Großbritannien der Hohen Pforte, einem Verbündeten Deutschlands, den Krieg, beseitigt das Khediventum und proklamiert Ägypten zum

britischen Protektorat. Die 400-jährige Verbindung zum Osmanischen Reich ist damit endgültig gelöst. Der türkenfreundliche Khedive Abbas II. Hilmi wird durch seinen Onkel Hussein Kamil ersetzt, dem man einen Sultanstitel verleiht.

Nach dem Tod Hussein Kamils im Kriegsjahr 1917 erteilt man seinem Bruder Achmed Fuad die Sultanswürde. Im Land wird der Ruf nach Unabhängigkeit immer lauter, die antibritische Stimmung wächst und mündet schließlich in eine nationale Bewegung, an deren Spitze sich der ägyptische Anwalt und ehemalige Erziehungsminister unter Lord Cromer, Saad Zaghlul, stellt. Zaghlul hatte zuvor bereits einen Kreis ägyptischer Grundbesitzer, Beamter und Intellektueller um sich versammelt und 1917 die Wafd-Partei gegründet, in deren Programm die politische Unabhängigkeit Ägyptens und der vollständige Abzug der britischen Truppen steht. Schnell wird die Wafd zur Sprecherin des beständig lauter werdenden ägyptischen Freiheitswillens. Unruhen erfassen nach Kriegsende das Land, die 1919 in einem Generalstreik gipfeln – der «Revolution von 1919», an der sich alle Ägypter gleich welcher Konfession oder sozialen Klasse beteiligen. Zaghlul wird außer Landes gewiesen, woraufhin die Empörung noch höhere Wellen schlägt.

1922 ruft die Wafd zum passiven Widerstand auf. Noch im gleichen Jahr entlässt Großbritannien das Land am Nil in die Unabhängigkeit – mit Einschränkungen, denn in der Person eines Hochkommissars behalten sich die Briten auch für die Zukunft bedeutende Sonderrechte vor, nicht nur hinsichtlich der Außenpolitik und ihrer Militärpräsenz, sondern vor allem mit Blick auf eine der wichtigsten Schlagadern des Empires, die Suezkanalzone.

1923 nimmt Sultan Achmed Fuad als Fuad I. die Königswürde entgegen. Ägypten wird eine konstitutionelle Monarchie mit einer Verfassung nach belgischem Vorbild. Bei den sich anschließenden, ersten Parlamentswahlen in der Geschichte des Landes im September 1923 siegt die Wafd-Partei mit überwältigender Mehrheit, im Januar 1924 wird Saad Zaghlul ägyptischer Ministerpräsident. Er lässt auch weiterhin in der Forderung nach Räumung des Landes durch die britischen Truppen nicht nach, worin er sich größter Unterstützung durch die Bevölkerung erfreut. In den nachfolgenden Jahren tobt ein unerbittlicher Machtkampf zwischen den Briten, König Fuad I. von britischen Gnaden und den Wafdisten.

Mehrmals wird vom König das Parlament aufgelöst, was noch deutlichere Wahlsiege Saad Zaghluls nach sich zieht. Als zusätzliche politische Kraft wird 1928 die fundamentalistisch-islamistisch ausgerichtete Muslimbruderschaft mit dem Ziel gegründet, unter dem Banner des Propheten die arabischen Völker endgültig von jeglicher Form der Fremdherrschaft zu befreien.

Im Anschluss an den Tod König Fuads I. 1936 besteigt sein Sohn Faruk den Thron. Der kleine, dicke König wird zunächst gleichermaßen von den Anhängern der Wafd wie auch der unaufhörlich anwachsenden Muslimbruderschaft begrüßt: Faruk ist der erste sämtlicher Nachkommen Mohammed Ali Paschas, der fließend Arabisch spricht! Bis dahin war Türkisch die Hofsprache. Doch während ein Großteil der Bevölkerung nach wie vor bittere Not leidet, führt ihr neuer Herrscher nach Art der alten orientalischen Kalifen ein Leben in Saus und Braus. Korruption und Misswirtschaft blühen, das Land verkommt.

Nach dem Ende des Zweiten Weltkriegs, in dessen Verlauf Ägypten als Stützpunkt für die alliierten Militäroperationen diente, erschüttern Krisen und Rebellionen das Land. Wafdisten, Monarchisten, Liberale und Kommunisten und die mittlerweile mächtigen Muslimbrüder, deren radikale Abspaltung mit Terroranschlägen Angst und Schrecken verbreitet, stehen sich unversöhnlich gegenüber, nur im Hass auf die Briten vereint. Hinzu kommt eine Bewegung der so genannten «Freien Offiziere», deren zwei wichtigste Gründungsmitglieder wenige Jahre später die jüngste Geschichte Ägyptens schreiben werden: Gamal Abd-El Nasser und Anwar Al-Sadat.

Unterdessen verschlechtert sich die wirtschaftliche und soziale Lage im Land zusehends. Als 1948 in Palästina die Gründung des Staats Israel erfolgt, kommt es zum Krieg zwischen Juden und Arabern. Er endet mit einer verheerenden Niederlage der arabischen Staaten gegen die wesentlich kleinere israelische Armee. Zutiefst gedemütigt wird trotz grassierender Vetternwirtschaft und zahlreicher Korruptionsaffären 1950 die nun unmissverständlich nationalistisch auftretende Wafd-Partei mit ihrer Forderung nach Abzug der britischen Truppen aus der Suezkanalzone wiedergewählt. Scharen aufgebrachter Menschen ziehen immer wieder durch die Straßen von Kairo und verschaffen sich ihrem Unmut gegen die Engländer Luft. Schnell weiten sich die antibritischen Kundgebungen zu Massendemonstrationen aus und steigern sich bis Ende 1951 zu einem regelrechten Guerillakrieg.

Kein antiker Obelisk, sondern einer aus dem 20. Jh.: deutsches Kriegsdenkmal in El Alamein

Nach einem Überfall britischer Soldaten im Januar 1952 auf das ägyptische Polizeihauptquartier in Ismailia, wo man die Rädelsführer der Unruhen vermutet, der 50 Menschenleben und viele Verletzte kostet, bricht am «Schwarzen Samstag» in Kairo der Aufruhr los. Eine blindwütige Menge stürmt die ausländischen Einrichtungen, sämtliche Geschäfte, Restaurants, Bars und Nachtclubs der Fremden gehen in Flammen auf. Kairo brennt – und die Stunde der «Freien Offiziere» schlägt. In einem unblutigen Staatsstreich bringen sie unter der Leitung von General Nagib in der Nacht zum 22. Juli alle Schlüsselpositionen der Macht an

sich. Anschließend wird König Faruk gestürzt, die politischen Parteien werden verboten und die Verfassung außer Kraft gesetzt.

Ägypten als Republik (ab 1953)

Am 13. Juni 1953 verkündet der Revolutionsrat unter General Nagib die Republik. «Aus der ältesten Monarchie der Welt wurde in diesem Augenblick die jüngste Republik der Welt», bemerkt Nagib feierlich zum großen Ereignis und regiert fortan in Personalunion als ägyptischer Minister- und Staatspräsident. Im Jahr darauf übernimmt Oberstleutnant Gamal Abd El-Nasser, der eigentliche Drahtzieher des Umsturzes, von seinem Vorgänger sämtliche Ämter und leitet unverzüglich Gespräche mit den Briten über den Abzug ihrer Soldaten aus der Kanalzone ein. Nur sechs Monate später unterzeichnen die beiden Parteien einen Vertrag, der die vollständige Räumung des Landes durch die britischen Truppen bis 1956 vorsieht. Die Popularität des charismatischen Führers Nasser wächst ungemein und erreicht einen ersten Höhepunkt, als er mit noch nie da gewesener Unterstützung von Seiten der einfachen Menschen eine Landreform auf den Weg bringt.

Mit zunehmendem Unbehagen beobachten die Amerikaner diese förmlich nach Sozialismus riechende neue Politik am Nil und stoppen die Finanzierung des geplanten Assuan-Staudamms. Nasser antwortet darauf mit der Verstaatlichung des Suezkanals, dessen Einnahmen er für den Bau des Staudamms verwenden will. Die «Suezkrise» bricht aus. Im Juni 1956 marschieren Frankreich und England, deren Bürger gewichtige Aktienpakete am Suezkanal halten, zusammen mit Israel in Ägypten ein. Einzig und allein ein Veto des UN-Sicherheitsrats kann ihren Siegeszug aufhalten.

Und Nasser wird nun erst recht zum Symbol des Widerstands gegen die imperialistische Herrschaft des Westens. Seine Beliebtheit nicht nur beim eigenen Volk, sondern in der gesamten arabischen Welt nimmt Formen mythischer Heldenverehrung an – während sich die real existierende junge ägyptische Republik unter seiner Regentschaft bereits in ein diktatorisches Staatswesen verwandelt hat. In Nassers repressivem Ein-Parteien-System werden anders Denkende und die Presse mundtot gemacht. Wachsende Unterdrückung, Verfolgung und Verhaftung Oppositioneller, Folter und Hinrichtung sind an der Tagesordnung. Die Wafd wie auch die Muslimbruderschaft werden zum Schweigen gebracht und Tausende ihrer Mitglieder eingekerkert.

So wird Nassers «Arabischer Sozialismus» zu einem Begriff. Ab 1961 erfolgt die Verstaatlichung aller Industrien und Banken sowie die Beschlagnahme privaten ausländischen Kapitals, anschließend wird das Eigentum der reichsten Ägypter konfisziert. In großem Maßstab kommen Sozial-

programme in Gang und tragen dem ägyptischen Diktator die uneingeschränkte Bewunderung der einfachen Bevölkerung ein, der es erstmals in der gesamten ägyptischen Geschichte spürbar besser geht. Die Massen sind begeistert von Nassers arabischem Patriotismus. Mit seiner scharfen Kritik am Westen und insbesondere einer vehement formulierten Gegnerschaft der arabischen Staaten zu Israel steigt er im Verlauf der sechziger Jahre zum Wortführer der panarabischen Bewegung auf.

Bei einer solchen Politik darf selbstverständlich kaum westliche Entwicklungshilfe erwartet werden, weshalb sich Nasser der Sowjetunion zuwendet, die zum Hauptwaffenlieferanten und wichtigsten Geldgeber Ägyptens avanciert. Mit Hilfe der Sowjets wird das Projekt Assuan-Staudamm 1960 in Angriff genommen. Elf Jahre später ist der gewaltige Staudamm im Süden des Landes fertiggestellt.

Infolge der von Nasser veranlassten Sperrung der Straße von Tiran – und damit dem Zugang Israels durch den Golf von Aqaba zum israelischen Hafen Elat – kommt es 1967 zum Sechs-Tage-Krieg des jüdischen Staats gegen Jordanien, Syrien und Ägypten. Innerhalb weniger Tage besetzen israelische Soldaten die Golan-Höhen, den Gaza-Streifen und die Westbank und stoßen über den Sinai bis zum Suezkanal vor. Nassers panarabischer Traum verwandelt sich über Nacht zum Alptraum für die gesamte arabische Welt. Israel steht am Ostufer des Suezkanals, der zur Demarkationslinie wird und damit für die Schifffahrt blockiert ist – acht Jahre lang bis 1975. Noch unter dem Schock dieser vernichtenden Niederlage – Ägypten hat den Sinai wie den Suezkanal verloren – tritt Nasser zurück. Nach massenhaften Sympathiekundgebungen kehrt er jedoch in seine Ämter zurück und regiert das Land am Nil bis zu seinem Tod im September 1970. Unter großer Anteilnahme der Bevölkerung finden die Trauerfeierlichkeiten statt, über drei Millionen Menschen folgen seinem Sarg.

Nach Nasser übernimmt sein ehemaliger Vizepräsident und Mitbegründer der «Freien Offiziere», Anwar Al-Sadat, die Regierungsgeschäfte und öffnet völlig überraschend für die Weltöffentlichkeit Ägypten dem Westen. 17 000 sowjetische Militärberater werden nach Hause geschickt und die moskautreuen «Nasseristen» aus ihren Ämtern entlassen.

Sonnenuntergang am Nil bei Rosetta

Das Land nennt sich von nun an «Arabische Republik Ägypten». Es erhält eine neue Verfassung als «demokratischer, sozialistischer Staat» (Artikel 1), der «Islam ist Staatsreligion», «Arabisch ist offizielle Sprache» (Artikel 2) und das islamische Recht Grundlage der ägyptischen Gesetzgebung (Artikel 3). Mit seinem nachdrücklichen Bekenntnis zum Islam nimmt Sadat den radikalen Säkularismus seines Vorgängers zurück und gewinnt, indem er sich als streng gläubiger Moslem offenbart, die Zuneigung der nach wie vor traditionell religiösen ägyptischen Mittelklasse.

Danach versucht er sich wie einst Nasser in einer ersten Amtshandlung auf diplomatischem Parkett und nimmt die Verhandlungen mit Israel zur Herausgabe des Suezkanal-Ostufers auf – vergeblich. Daraufhin startet er zusammen mit dem syrischen Präsidenten Assad am höchsten jüdischen Feiertag, Yom Kippur, im Oktober 1973 einen Überraschungsangriff auf Israel. Es gelingt der ägyptischen Armee, die martialischen Sperranlagen am Suezkanal zu überschreiten und auf den Sinai vorzurücken. Doch dank internationaler Intervention werden die Kampfhandlungen gestoppt und der Yom-Kippur-Krieg wird mit einem Waffenstillstand beendet. Nichtsdestotrotz wirkt der militärische Erfolg der ersten Tage wie Balsam auf den verwundeten Stolz der Ägypter. Sadat ist fortan ein Held.

Im Rahmen der *Infitah* (Politik der offenen Tür) öffnet der Präsident Ägypten ab 1974 für ausländische Investoren. Wirtschaft und Bankenwesen werden liberalisiert und Initiativen auf dem Privatsektor zugelassen. Ein Jahr später folgt die politische Freizügigkeit nach. Die Parteien werden wieder zugelassen, die Zensur aufgehoben und die politischen Gefangenen amnestiert. 1976 finden die ersten freien Wahlen seit der Verkündung der Republik im Jahr 1953 statt. Doch von diesen großartigen Entwicklungen profitieren vor allem die mittleren und oberen Gesellschaftsschichten. Infolge der ökonomischen Liberalisierung galoppiert die Inflation und die Armut der unteren Klassen verschlimmert sich rapide. 1977 muss Sadat auf nachdrücklichen Wunsch des Internationalen Währungsfonds die Subventionierung der Lebensmittel streichen, woraufhin es zu zweitägigen Volksaufständen kommt, welche die Wiedereinführung der Staatszuschüsse erzwingen.

Später im selben Jahr unternimmt Anwar Al-Sadat seine größte, folgenreichste und politisch umstrittenste Tat: Im November 1977 ruft er in Jerusalem vor der Knesset zu Koexistenz und Frieden zwischen Israel und seinen Nachbarn auf. 1978 beginnen in Camp David, dem Sommersitz des amerikanischen Präsidenten, unter Vermittlung von Jimmy Carter die monatelangen Verhandlungen zwischen Sadat und dem israelischen Premier Menachem Begin. Allein dieser Versuch ist dem Nobel-Komitee die höchste Würdigung wert: Noch 1978 bekommen Sadat und Begin den Friedensnobelpreis verliehen. Im März 1979 unterzeichnen sie das Camp-David-Abkommen, den enthusiastisch gefeierten Frieden zwischen Israel und Ägypten. Das Land am Nil ist der erste arabische Staat, der die Existenz Israels anerkennt. Bis 1982 räumen die israelischen Truppen den Sinai und geben ihn an Ägypten zurück.

Nun ist Sadat zwar der Liebling des Westens, doch empfinden die meisten arabischen Staaten den Friedensvertrag als Verrat. Sie brechen die diplomatischen und Handelsbeziehungen zu Ägypten ab und schließen es aus der Arabischen Liga aus. Im arabischen Lager ist das Land nun isoliert und auch innenpolitisch formiert sich der Widerstand. Sadats selbstherrlicher Regierungsstil wird zum Gegenstand schneidender Kritik, wie ihn am schärfsten die neu belebte Wafd und die Muslimbrüder formulieren. Mit dem wütenden Vorwurf eines «Ausverkaufs an die Zionisten» rufen militante Fundamentalisten zur Ermordung des ägyptischen Präsidenten auf. Im Herbst 1981 wird Sadat von einem fanatischen Anhänger der islamistischen Terrorgruppe El-Jihad erschossen.

Sein Vize Hosny Mubarak folgt ihm im Amt nach. Als Israel 1982 in den südlichen Libanon eindringt, ergreift der neue Staatspräsident die einmalige Gelegenheit, um auf Distanz zu Israel zu gehen – ohne dabei die bestehenden Verträge verletzen zu müssen. Dieser gekonnte diplomatische Schachzug führt zur allmählichen Wiederannäherung an die arabischen Staaten. 1989 wird Ägypten mit der Teilnahme an der arabischen Gipfelkonferenz belohnt und wieder in die Arabische Liga aufgenommen. Korruptionsbekämpfung und Maßnahmen zur Wirtschaftsförderung stehen fortan ganz oben in Mubaraks Maßnahmenkatalog. Er treibt die Privatisierung voran und entwickelt Ägyptens touristische Infrastruktur.

In den neunziger Jahren wird der Fremdenverkehr nach den Überweisungen der ägyptischen Gastarbeiter, die sich überwiegend in den Golfstaaten verdingen, zur zweitwichtigste Devisenquelle im Land. Die Beteiligung der Ägypter im zweiten Golfkrieg gegen den irakischen Diktator Sadam Hussein wird dem Land mit einem Schuldenerlass in Milliardenhöhe gedankt. Dennoch bleibt die finanzielle Lage prekär. Die exorbitanten Militärausgaben, die rund zehn Prozent des ägyptischen Haushalts verschlingen, die weiterhin hohe Inflation und vor allem die Arbeitslosigkeit stellen schier unlösbare Probleme dar. Seit der Revolution 1952 hat sich die Bevölkerungszahl mehr als verdoppelt. Woher soll man bloß Arbeit und Brot für all diese Menschen nehmen?

Einen ungeheuren äußeren Prestigegewinn verbucht Ägypten 1988 mit der Verleihung des Nobelpreises für Literatur an den Kairoer Schriftsteller Nagib Mahfus und 1992 durch die Ernennung des ägyptischen Außenministers Boutros Ghali zum Generalsekretär der Vereinten Nationen. Gleichzeitig destabilisieren Terroranschläge islamistischer Fundamentalisten das Land. Schon lange im Untergrund aktiv, gehen sie nun offen gegen staatliche Einrichtungen und hochrangige Politiker vor und treffen schließlich – ausgewählt mediengerecht – Ägyptens verwundbarsten Punkt: die Touristen. Einem Anschlag im Herbst 1997 vor dem Ägyptischen Nationalmuseum in Kairo folgt wenige Wochen später das blutige Massaker vor dem Hatschepsut-Tempel in Luxor, bei dem 57 Ägypten-Reisende ihr Leben verlieren.

Dem harten staatlichen Durchgreifen gegen die Attentäter und der tiefen Abscheu der Bevölkerung vor solchen Gewalttaten ist es zu verdanken, dass man die meisten Regionen Ägyptens heute wieder sicher bereisen kann. Trotzdem bleibt der islamische Fundamentalismus auch weiterhin eine Bedrohung. Auf Anordnung des Präsidenten wurde der Kampf gegen die religiösen Geiferer verschärft. 1999 wird Hosny Mubarak mit 94 Prozent aller Stimmen für weitere sechs Jahre wieder ins Amt gewählt.

Das heutige Volk

Essen und Trinken

Überall in Ägypten duftet es aromatisch aus Töpfen und Küchen. Zahlreiche Restaurants, unzählige Garküchen, Imbissstände und fahrende Händler locken mit den Wohlgerüchen des Orients. Über den Souks und Gewürzbasaren kitzelt einen der Pfeffer in der Nase und die Luft ist erfüllt vom Duft exotischer Spezereien. Für den Augenschmaus sind die Karren, Theken und Stände zum Bersten gefüllt mit saftigen süßen Früchten: Guavas, Mangos, Datteln und Feigen ... und die Verkaufstische biegen sich unter dem Gemüse. Doch damit den empfindlichen europäischen Magen nicht «Pharaos Rache» heimsucht, lautet die goldene Regel, die zu Kolonialzeiten schon die Engländer beherzigten: «Peal it, boil it, cook it, or forget it». Das gilt für Leitungswasser ebenso wie für Obst, Salat und Gemüse. Desgleichen sollte man Speiseeis meiden und in der Hitze außerdem eisgekühlte Getränke. Dem heißen Klima ist auch anzulasten, dass man die Hauptmahlzeit erst abends einnimmt, etwa ab 20 Uhr, aber noch lieber erst gegen 22 Uhr, wenn die Luft kühler ist und man beim Tafeln nicht mehr ins Schwitzen gerät. Denn die Speisen sind gehaltvoll bis deftig und oft stark gewürzt.

In der ägyptischen Alltagsküche darf man keine sublimen Hochgenüsse erwarten, wie sie der Feinschmecker etwa von den Schlaraffenländern nahöstlicher Kochkünste, der Türkei und dem Libanon, her kennt. Dennoch ist sie von dort beeinflusst, man kocht auch am Nil vornehmlich nach türkisch-arabischer Tradition. Allerdings einfach, es existieren kaum ausgefeilte Gerichte. Und wie könnte es anders sein in dem Land, das bis auf fünf Prozent Anbaufläche von Wüste bedeckt ist? Man isst, was der Boden hergibt, insbesondere Zwiebeln, Bohnen und Getreide, woraus eine herzhafte Hausmannskost zubereitet wird, die meist aus zu Brei zerkochten Linsen- und Bohnenspeisen besteht.

Fleisch ziert indessen nur zu besonderen Anlässen die Tafel. Die sprichwörtlichen biblischen «Fleischtöpfe Ägyp-

Typisch ägyptische Mahlzeit: Kofta, Reis, Salat

tens» bereichern traditionell nur die Speisekarte der begüterten Oberschicht: in Eintöpfen, als Grillspieße oder Hackbällchen (*Kofta*) von Lamm-, Hühner- oder Hammelfleisch, seltener Kamel oder Ziege, und mittlerweile auch Rind oder Kalb, deren Geschmack noch bis vor kurzem unüblich war. Lediglich Schweinefleisch fehlt, das im islamischen Ägypten aus religiöser Überzeugung abgelehnt wird.

Dagegen wird Ful von allen und zu jeder nur erdenklichen Tageszeit gegessen. Das proteinreiche Saubohnengericht ist das «Fleisch des armen Mannes» und ägyptische Nationalspeise zugleich. Dazu werden die kleinen getrockneten braunen Bohnen über Nacht in Wasser eingeweicht und danach zum Kochen gebracht. Anschließend köcheln sie bis zu zwölf Stunden auf kleinem Feuer. So hält sich der Brei tagelang; arme Familien verzehren davon mehrmals täglich, immer erst kurz vor dem Essen mit Kreuzkümmel, Knoblauch, Pfeffer, Salz und Zitrone gewürzt. Überwiegend wird Ful aber – sauer – zum Frühstück serviert, wofür man neben Öl reichlich Zitronensaft über den dicken Bohnenbrei gibt. Als Imbiss wird Ful mit Fladenbrot, fein gehacktem Salat und Tahina serviert, einer sämigen Soße aus Sesamöl und gemahlenen Hülsenfrüchten, und als Hauptmahlzeit kommt er, von Petersilie gekrönt, mit Olivenöl, harten Eiern und eingelegtem Gemüse auf den Tisch.

Weiße Bohnen sind die wichtigste Zutat für ein weiteres ägyptisches Lieblingsgericht: Falafel, einer aus den Bohnen,

terra magica

Erbsen, Zwiebeln und Kräutern haschierten und in Öl aus-gebackenen Frikadelle, die man fast an jeder Straßenecke auf die Hand bekommt. Häufig gibt es an fahrbaren Ständen auch Kushari, eine gehaltvolle Zubereitung aus Nudeln, Linsen, Reis und Kichererbsen, über die man geröstete Zwiebeln und einen Klecks Tomatensoße gibt. Und nirgends dürfen bei einer Mahlzeit verschiedene sauer eingelegte Gemüse fehlen und insbesondere Aish Baladi nicht, das obligatorische Fladenbrot, das hier zum Essen gehört wie die Pyramiden zum Nil.

Sprichwörtlich ist auch die ägyptische Gastfreundschaft, die zum guten Ton zählt und einen Teil der Lebenseinstellung ausmacht, aber den Ärmsten auch zur rechten Last werden kann. «Gib dem Gast, auch wenn du selbst hungerst» – das alte Sprichwort drückt nicht nur den hohen Stellenwert aus, den die Gastfreundschaft in Ägypten genießt. Es verpflichtet selbst arme Menschen, ihre kargen Vorratskammern für Gäste zu öffnen. So werden Einladungen oft nur aus Höflichkeit ausgesprochen, und man sollte sich vor einer Zusage nicht nur erst über die ökonomischen Verhältnisse des Gastgebers erkundigen, sondern das Angebot grundsätzlich drei Mal beharrlich ausschlagen. Erst danach ist die Einladung wirklich ernst gemeint, für die man sich dann mit dem ägyptischen Zauberwort *shukran* (danke) und zum Gastmahl mit Geschenken bedankt. Wobei man letztere, am liebsten Geld und Süßigkeiten, beim Eintreten irgendwo nebenbei auf ein Möbelstück legt, um mögliche Verlegenheiten zu vermeiden.

Besonders an Festtagen ist zum geselligen Beisammensein mit Freunden und Familie daheim die Tafel reichlich gedeckt. Wird von den zahllosen Köstlichkeiten, die dann aufgetischt werden, nicht wenigstens einmal probiert, ist das Gastgeberherz für immer gekränkt. Ständig sind die Teller, soeben geleert, schon wieder bis zum Rand aufgefüllt, weshalb man nur aufessen sollte, wenn man noch Hunger verspürt. Andernfalls lässt man einen halbvollen Teller zurück. Wird mit Fingern gespeist, wobei man ein Stück Fladenbrot als Werkzeug benutzt, nimmt man die rechte Hand, die linke ist unrein. Und kauert man auf dem Boden, nimmt man am besten im Schneidersitz Platz. Es wäre unhöflich, dem Gegenüber seine Fußsohlen zu zeigen.

Als Vorspeise kommen dann Mezze auf den Tisch, Appetithäppchen, die zusammen mit Salaten und Dips wie Hummus (Kichererbsenpüree) und Baba Ghanug (Auberginenpüree) aufgetragen werden. Außerdem gibt es in Knoblauch und Öl oder sauer eingelegte Gemüse sowie Betingan, geröstete Auberginenscheiben mit Tahina und Fladenbrot, und Dolma, mit Reis und delikater Würzmischung gefüllte Gemüse, wie Weinblätter, Paprika, Zucchini und Auberginen. Suppen werden eigentlich nur im Winter gereicht, beispielsweise das ägyptische Leib- und Magengericht Molucheya: ein kräftig gewürztes, spinatartig aromatisches, in Fleischbrühe gegartes Gemüse mit Reis- oder Fleischeinlage.

Anschließend serviert man als Hauptgericht auf Reis am Spieß geröstetes Rind- oder Hammelfleisch sowie Innereien und – lukullischer Höhepunkt aller Schlemmereien – mit gestoßenen grünen Weizenkörnern gefüllte und frischen Minzeblättern bestreute, in einer Tonkasserolle gedünstete Täubchen. Als Dessert zieren entweder farbenprächtige Früchte der Saison die Tafel oder es wird so unendlich süß, dass man den Gürtel schnell um ein paar Löcher weiter schnallen muss. An der Spitze der Beliebtheitsliste aller verführerischen Kalorienbomben stehen die mit Rosenöl getränkte Milchreisspeise Mahalabiya, der mit Nüssen, Mandeln und süßem Orangensirup gefüllte Blätterteig Baklawa und der Sirup-Nüsse-Grieskuchen Babusa. Diese werden nur noch übertrumpft vom reichlich in Zuckersirup eingeweichten und mit frischer Sahne bedeckten Honigfladen Aish es Seraya, dem «Brot des Palastes», und dem ägyptischen Nationalnachtisch Umm Ali (Alis Mutter), einer heißen Nachspeise aus Blätterteig mit Rosinen, Nüssen, Milch, Sahne, Zimt und vielen weiteren, überlieferten Zutaten, die jede Hausfrau und jeder Küchenchef wie ein Staatsgeheimnis hüten.

Für den Durst werden traditionell Tee und Kaffee gereicht. Der «Türken-Trank», bei den Sinai-Beduinen schon lange bekannt, wurde im 16. Jahrhundert von Sufi-Mystikern nach Kairo gebracht. Doch ist die mit hoch in der Tasse aufragenden Zuckergebirgen zum heißen Trunk aufgebrühte gemahlene Kaffeebohne nicht nach jedermanns Geschmack. Insbesondere Nordamerikaner dürften beim arabischen Mokka Herzsausen bekommen, und für den euro-

Obstladen in Luxor

päischen Gaumen gilt der oft mit Kardamom und ähnlichen «indischen» Gewürzen abgeschmeckte, anregende Bohnensaft als zu stark parfümiert.

Den ebenfalls gewöhnungsbedürftigen Tee, ägyptisch *Shay*, der in Ägypten erst im 19. Jahrhundert eingeführt wurde, aber dem Kaffee längst den Rang abgelaufen hat, erhält man in allen nur vorstellbaren Variationen. Größter Beliebtheit erfreuen sich Kräutertees, die in der Hitze erfrischen, allen voran Pfefferminz- und Hibiskusblütentee und Karkade, ein heiß oder kalt servierter, stark gesüßter Mal-

venaufguss. Gerne wird auch Tamarhindi getrunken, ein aus dem getrockneten Fruchtfleisch der Tamarinde gebrühter und dann gekühlter, erfrischend süßsauer schmeckender Tee – auch dieser, wie alle anderen Getränke, mit viel, viel Zucker.

Am liebsten genießt man die Getränke in einem Kaffeehaus, die vom kleinsten Dorf bis in die größte Stadt am Rand belebter Plätze und Märkte zu finden sind. Allein in Kairo laden mehrere Tausend *Qahwa* zum Aufenthalt ein. Ob Intellektuelle, Beamte, Homosexuelle, Soldaten, muslimische

Gewürzverkauf am Basar von Assuan

Extremisten, Marktleute, Händler oder fahrende Musikanten, für jede Gruppe und Randgruppe ist etwas dabei – außer für Frauen. In den zumeist äußerst schlicht gehaltenen Lokalitäten prangt der kunstvoll gewirkte Rabantina (eine Art Samowar) weihevoll auf der Theke. Dahinter geben sich die verschiedensten Wasserpfeifen ein Stelldichein, die sich die Raucher schmecken lassen. Durch das Wasser wird der mit Zuckerrohrmasse oder Honig versetzte Tabak gekühlt. Die Luft ist mit dem leicht süßlichen Tabakgeruch und dem Blubbern der Pfeifen wie dem Klackern von den vielen Brettspielen erfüllt, denen sich die Männer in der Pause oder nach Feierabend hingeben.

Natürlich gibt es in den weltläufigen Metropolen wie Kairo oder Alexandria auch exklusive Kaffeehäuser für den feinen Geschmack. Darüber hinaus bieten zahllose Saftbars und Stände köstliche Fruchtsäfte feil; besonders exotisch sind die Süßholzlimonade Ersous und Gasab aus süßem Zuckerrohrsaft. Alkohol ist dagegen wie in allen islamischen Ländern verpönt. Nur extra für Touristen eingerichtete Bars in großen Hotels und internationale Restaurants bieten zu astronomischen Preisen importierte berauschende Getränke an. Die einheimischen Biere «Stella» und «Saqqara» sind von niedrigem Alkoholgehalt und nicht unbedingt nach dem Reinheitsgebot gebraut.

Die in Ägypten gekelterten Weine gelten in der Regel sogar als ungenießbar bis gesundheitsgefährdend. Das macht aber nichts. Denn ohnehin muss jeder, der sich in der Öffentlichkeit dem Genuss von Gersten- oder göttlichem Rebensaft allzu sehr zugeneigt zeigt, damit rechnen, dass ihn das Auge des Gesetzes erspäht und er nach islamischem Recht womöglich für eine Weile hinter Gefängnismauern wandert.

Leben und Arbeiten

Die Arabische Republik Ägypten ist eine präsidiale Republik mit äußerst starker Stellung des Präsidenten. Dieser als Staatsoberhaupt bestimmt, zusammen mit der Regierung, nicht nur die Politik und ist Chef der Exekutive, er ernennt und entlässt auch Minister und den Ministerpräsidenten, verabschiedet Gesetze, hat dem Parlament gegenüber ein Vetorecht und kann es auflösen, hat das Recht, den Notstand auszurufen und ist oberster Befehlshaber der Armee. Eine wirklich unabhängige Presse gibt es nicht. Sämtliche Publikationen im ägyptischen Blätterwald sind entweder Parteiorgane – der Nationaldemokraten, Sozialistischen Liberalen, Arbeiterpartei, Neo Wafd, Grünen, Islamistischen Nationalisten, Nasseristen u.a. – oder stehen ihnen zumindest nah.

Zwar bestimmt das Volk alle fünf Jahre die Abgeordneten der Nationalversammlung, des ägyptischen Parlaments, doch bleibt ein nicht unerheblicher Teil der Menschen von der Wahl ausgeschlossen. Sie sind des Lesens und Schreibens nicht mächtig, weshalb man davon ausgehen darf, dass die Wahl der Volksvertreter im bevölkerungsreichsten und politisch bedeutendsten Land der arabischen Welt überwiegend ein Votum der gebildeten Schichten ist. Günstlingswirtschaft und Korruption sind verbreitet. In Behörden und staatlichen Einrichtungen herrschen autoritäres Gebaren und Obrigkeitsdenken. Etwa zehn Prozent des Staats-

haushalts werden für Militärausgaben verwendet, sechs Prozent für Schule und Bildung.

Es besteht eine allgemeine sechsjährige Schulpflicht, auch ist der Schulbesuch kostenlos und die Uniformen werden gestellt, doch prägen in den Lehranstalten Appelle, Befehle und extremer Drill das Bild. Züchtigungen selbst der Kleinsten sind an der Tagesordnung, sowohl in staatlichen als auch in den von religiösen Trägern unterhaltenen Schulen, wo man die Kinder nicht zu Freigeistern erzieht, sondern zu gehorsamen Untertanen, denen ihr durch die Geburt zugeordneter, angestammter Platz in der Klassengesellschaft ein für alle Mal eingebläut wird.

Größte Anstrengungen werden unternommen, immer mehr Schulen zu bauen, doch angesichts der Bevölkerungsexplosion kommt man trotz allem Aufwand nicht nach. Alljährlich hätte man im Bildungssystem weit über eine Million neuer Abc-Schützen unterzubringen. Denn in einem Land, in dem es keine funktionierenden Sozialkassen gibt, sind Kinder immer noch die beste Altersversorgung – und so bleiben die Schultüren wegen Überfüllung für die meisten verschlossen. Die Analphabetenrate bei den 15-Jährigen beläuft sich auf rund 70 Prozent. Alle 25 Sekunden erblickt ein kleiner Ägypter das Licht der Welt.

Fast die Hälfte der schätzungsweise 62 Millionen Menschen ist unter 18 Jahre alt; für diese werden Schulen benötigt, Ausbildungs- und Arbeitsplätze müssen geschaffen und Wohnungen gebaut werden. Doch jede Maßnahme zur Verbesserung der Infrastruktur wie zur Steigerung der Erträge in Landwirtschaft und Industrie wird vom Nachwuchs buchstäblich gleich wieder aufgegessen. Und Ägypten bleibt in dem fatalen Teufelskreis von unkontrollierbarem Bevölkerungswachstum, Armut, Analphabetentum und Arbeitslosigkeit gefangen.

Das durchschnittliche Jahreseinkommen eines Ägypters beträgt rund 1 200 Dollar. Das hört sich zunächst nach viel an in einem Land, in dem die – hoch subventionierten – Grundnahrungsmittel so billig sind, dass die Bauern damit sogar ihre Tiere füttern. Allerdings klafft die Schere zwischen Arm und Reich weit auseinander. Im Mittel reicht das Einkommen eines Fellachen heute kaum mehr zum dürftigsten Lebensunterhalt, weshalb die wichtigsten Lebensmittel unbedingt künstlich preiswert gehalten werden müssen. Zwar gehören die fruchtbaren Böden seit der Landreform unter Nasser nicht mehr nur einigen wenigen einflussreichen Familien, für welche die Fellachen als «Pächter» Frondienst leisteten. Doch sind die Parzellen durch die Erbteilung unter den zahlreichen männlichen Nachkommen mittlerweile derart geschrumpft, dass sie kaum noch das Lebensnotwendigste hergeben. Etwa 95 Prozent der Fellachen erwirtschaften mühselig ihren Broterwerb auf Feldern, die kaum größer sind als zwei Hektar, was nicht einmal drei Fußballspielfeldern entspricht.

Immer noch sind rund 40 Prozent der Ägypter in der Landwirtschaft tätig, und trotzdem müssen gewaltige Geldsummen für den Import von Getreide aufgebracht werden. 20 Prozent der Menschen arbeiten in der Industrie und weitere 30 Prozent im öffentlichen Dienst und Militär. Die übrigen zehn von hundert Ägyptern sind als Gastarbeiter hauptsächlich auf den Ölfeldern der Golfregion beschäftigt. Mit ihren Überweisungen in die Heimat steuern sie den Löwenanteil zu Ägyptens Devisenaufkommen bei, gefolgt vom Tourismus, den Erdölexporten von den Bohrfeldern rund um den Golf von Suez und neuerdings auch von der Libyschen Wüste, die sich im Vergleich mit Saudi-Arabien freilich bescheiden ausnehmen, und schließlich Einnahmen durch den Suezkanal. Alles Gelder, die dringend benötigt werden, um die Kosten der Bevölkerungsexplosion irgendwie aufzufangen.

Schon von Kindesbeinen an ist das Leben der einfachen Menschen vom Existenzkampf geprägt. Jedes der zahlreichen Familienmitglieder muss kräftig mit anpacken, ab dem 12. Lebensjahr sind dann nach Ende der «Schulpflicht» auch von Gesetz wegen täglich bis zu sechs Stunden «leichtere» Lohnarbeit für Kinder erlaubt. Schätzungsweise anderthalb Millionen kleine Ägypter verdingen sich als Tellerwäscher und Tischabräumer, Tourist Guides und fliegende Andenkenhändler, Putzkräfte und Erntehelfer; nicht zu vergessen die bereits früher beschriebenen *Zabbalin*, die Kairoer Müllabfuhr, die vornehmlich von Kindern betrieben wird.

So ist der auch bei Touristen beliebte ägyptische Volkssport Handeln und Feilschen zugleich eine wichtige Überlebensstrategie. Für wohlhabendere Schichten gehört er zumindest zum guten Ton, und sogar die Besucher des Landes können mit etwas Geschick in den Souks und Basaren Preisspannen von bis zur Hälfte der anfangs genannten Summe aushandeln. Allzu aufdringliche Straßenhändler muss man dagegen gelegentlich mit einem energischen «ya shukran!», nein danke, vertreiben. Ein überaus wichtiges Wort in Ägypten, denn schließlich möchte auch noch der kleinste Bauchladenträger seinen Trödel unter die Leute bringen.

Alle Touristen, gleich ob Luxusreisende oder Billigflieger, werden vom ägyptischen Geringverdiener unterschiedslos als reich eingeschätzt – was sie im Vergleich ja tatsächlich sind. Wo man heute selbst mit einem Durchschnittseinkommen keine Familie mehr ernähren kann, halten sich viele Menschen mit Gelegenheitsdienstleistungen, eher noch Gefälligkeiten, über Wasser: als Fahrkartenholer, Kofferträger und Taxiherbeiwinker, Wegweiser, Hotelzimmerempfehler und mit vielerlei solcher Handreichungen mehr, die der damit oft unfreiwillig Beglückte mit Bakschisch entlohnt.

Bei diesem zum Schrecken aller von Bakschischjägern entnervten Ägyptenbesucher gewordenen Begriff handelt es sich aber keineswegs um unverblümte Bettelei. Die kleinen Dienstleistungen verhelfen dem Anbieter zu einem wenn auch geringfügigen, aber doch selbst verdienten und insofern in Würde erarbeiteten Lebensunterhalt. Mithin bedeutet Bakschisch weitaus mehr, als nur ein Trinkgeld zu geben. Die Entlohnung für eine erwiesene kleine Gefälligkeit macht bei vielen Ägyptern einen Teil des Familieneinkommens aus, für das deshalb auch die wohlhabenderen Landsleute gerne ihren Obolus entrichten.

Die begüterten Klassen, darunter zahlreiche Menschen mit höherem Schulabschluss und anschließendem Universitätsstudium, international tätige Geschäftsleute, Großgrundbesitzer, Funktionäre in Verbänden, Behörden, Banken und Organisationen leben überwiegend in den besseren Vierteln der Großstädte und bevölkern dort, westlich gekleidet, die gepflegten Pflaster der Büro- und Businesszentren. Von dieser weltläufigen Oberschicht leben nur noch zwei Prozent in Polygamie, und auch eine Tochter als Erstgeburt gilt nicht mehr als Schicksalsschlag. Mittlerweile geht die eine oder andere Frau aus gutem Haus sogar auf die Hochschule. Stolze drei Prozent von 500 000 Studenten

In Kairo: schmackhafter als Fast-food in Kettenlokalen

macht der Anteil angehender Jungakademikerinnen heute – anfangs des 21. Jahrhunderts – schon aus.

Dagegen hat sich das Leben der Bauern in ihren Dörfern seit Jahrtausenden nur wenig verändert. In den hauptsächlich aus getrocknetem Nilschlamm und neuerdings auch aus Beton errichteten Häusern scheint die Zeit stehen geblieben zu sein. Schlicht mit einer Sitzbank und zum Schlafen auf dem Boden ausgerollten Matten ist der Wohnraum ausgestattet, und im Nebenraum sind die Nutztiere untergebracht. Wo es kein fließend Wasser gibt, wird es von den

Frauen aus den Kanälen oder dem Nil geschöpft und in Tonkrügen nach Hause getragen.

Ein Plumpsklo oder die Natur dient der Verrichtung des täglichen Geschäfts und falls das Dorf noch nicht an Elektrizität angeschlossen ist, flackern abends die Öllampen. So führt man ein arbeitsreiches, genügsames Leben in der Tradition der Väter und Vorväter, das an die vielköpfige Kinder- und Enkelschar weitergegeben wird. Der Kindersegen entscheidet wesentlich über die Geltung des Mannes im Dorf, bezeugt er doch Allahs Gunst. Überhaupt wird das kärgliche Dasein von den trotz allem fröhlichen Menschen schicksalsergeben als von Gott so bestimmt hingenommen. «Insha' Allah» heißt «so Gott will» und «malesh» meint «macht nichts».

Wenn die Abenddämmerung hereinbricht, kehrt nach einem langen Tag auf den Feldern Leben in die Dörfer zurück. Dann sitzen die Fellachen vor ihren Türen oder im Kaffeehaus, schlürfen zu einer gemütlichen Wasserpfeife Tee oder Kaffee und halten ein Schwätzchen. Die Ägypter sind Meister im Märchenerzählen, sie lieben unglaublich lange, erschöpfend zum Besten gegebene phantasievolle Geschichten, vor allem wenn es um Ausreden für allerlei alltägliche Pannen und Missgeschicke geht, denen die Zuhörer zwar teilnahmsvoll lauschen, sich dabei aber dennoch niemals ein X für ein U vormachen lassen. In den Dörfern mit Strom halten allmählich auch Radio und Fernsehen Einzug, und die Alternative zum abendlichen Geschichtenerzählen wird der Blick in die Flimmerkiste: am liebsten möglichst melodramatische, tränengetränkte amerikanische Soapoperas.

Wer kein eigenes Stückchen Land besitzt, verdingt sich als Tagelöhner während der arbeitsintensiven Baumwoll- und Dattelernte. Daneben hält auf der Suche nach Arbeit der Zuzug in die Städte unvermindert an. Hauptsächlich Kairo droht unterdessen aus allen Nähten zu platzen, und nicht wenige der Landflüchtigen sind Kopten. Zwischen fünf bis zehn Prozent an der Gesamtbevölkerung macht die Minderheit der christlichen Ägypter aus.

Wie einst den Juden im christlichen Abendland war den Kopten im islamischen Ägypten viele Jahrhunderte lang der Zugang zu einer großen Zahl angesehener Berufe sowie die Teilnahme am politischen Leben verwehrt. In der auferlegten Isolation spezialisierten sie sich deshalb auf das ver-

Bilder rechts und nächste beiden Doppelseiten
• Im Fischereihafen von Alexandria
• Berufe, die es schon zu pharaonischen Zeiten gab (ohne Nähmaschine und Metallkarren): Schneider, Teppichknüpferinnen, Bäcker, Wasserkärrner, Holzbootsbauer, Sichelmäher
• Schlachten (Ende des Ramadan-Fastens) in Assuan, Kochen in Kairo, Essen bei Beduinen im Sinai

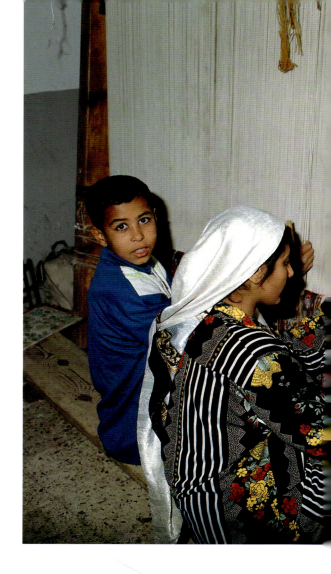

Beduinin mit Hund im Sinai

ruchte Bank- und Finanzwesen, widmeten sich den neun Musen oder wurden Quacksalber und Barbiere: Ärzte und Wissenschaftler, Künstler und Bankiers, was noch heute bei großen Bevölkerungsteilen vielerlei Neid und die unterschiedlichsten Vorurteile erzeugt. Doch sind dies über lange Zeiten tradierte Images und Klischees, die in der Regel jeglicher Grundlage entbehren. Auch die Müllmänner von Kairo sind Kopten.

Ganz unten im Süden Ägyptens leben die Nachfahren der einst hauptsächlich aus dem Sudan verschleppten Skla-

ven, der Nubier. Seit pharaonischer Zeit bilden die dunkelhäutigen Menschen am Nil eine Minderheit und auch hier lassen die Männer Frauen und Kinder in den Dörfern zurück, um in den Städten Arbeit als Wäscher, Bügler, Koch oder Kellner zu finden.

Eine weitere Randgruppe sind die Beduinen. Die meisten von ihnen wurden in jüngster Zeit sesshaft und arbeiten in den Sinai-Bergwerken, auf den Ölfeldern und im Tourismus. Nur noch rund 50 000 führen ein Nomadenleben als «Sandmenschen», die mit ihren Viehherden die Wüsten

terra magica

durchstreifen. Mit Ziegen als Milch-, Fell- und Fleischlieferanten und Kamelen als Arbeits- und Lasttieren legen sie von einem mit einer dünnen Grasnarbe bewachsenen, spärlich fruchtbaren Flecken zum nächsten weite Entfernungen zurück; im überlieferten Wissen, wie auch noch das kleinste Anzeichen von Wasser und Fruchtbarkeit im endlosen Feuerozean auszumachen ist.

Dabei durchwandert jeder der Beduinen-Stämme ein angestammtes weiträumiges Gebiet, in dem er die je nach Jahreszeit brauchbarsten Weideplätze aufsucht. Dabei ist eine leichte mobile Einrichtung unentbehrlich. Haushaltsgeräte und Werkzeuge des täglichen Gebrauchs sind auf das Notwendige beschränkt und die schwarzen Ziegenhaarzelte können in Windeseile auf- und abgebaut und auf die Kamele verladen werden. Nur während der Dattelernte ziehen die Beduinen-Familien in die Oasen zurück.

Religion und Aberglaube

In Ägypten ist der Islam Staatsreligion. Er beruht auf der Heiligen Schrift der Muslime, dem Koran, der die durch den Propheten Mohammed verkündeten Offenbarungen Gottes enthält. Seine «fünf Säulen» sind das Fundament für die religiöse Praxis aller Gläubigen: Glaube, Gebet, Almosen, Fasten und die heilige Pilgerfahrt nach Mekka.

Mit dem Glaubensbekenntnis: *Es gibt keinen Gott außer Allah; und Mohammed ist sein Prophet*, erkennt der Muslim darüber hinaus den Glauben an die Propheten Adam, Noah, Moses und Jesus an, den Glauben an den Koran, an die Engel als Werkzeuge Gottes und an den Tag des Jüngsten Gerichts, an dem die Guten und Bösen voneinander geschieden und ins Paradies oder in die Hölle gelangen. Die wichtigste muslimische Glaubenspflicht ist das Gebet. Fünfmal am Tag zu festgelegten Zeiten ruft der Muezzin vom Minarett herab die Menschen zur Andacht, die in Richtung Mekka gewandt überall abgehalten werden kann, zu Hause, auf der Arbeit und natürlich in der Moschee. Am Freitag, dem heiligen Ruhetag des Islam (entsprechend dem christlichen Sonntag), versammeln sich schließlich alle Gläubigen in der Moschee zum gemeinsamen Gebet.

Almosen zu geben ist eine weitere heilige Pflicht, ebenso wie das jährliche Fasten im Fastenmonat Ramadan. Da sich das islamische Jahr am Mondkalender orientiert, der anders als der Gregorianische Kalender nur 354 Tage zählt, wandert der Ramadan im Lauf der Zeit durch alle vier Jahreszeiten, weshalb mitunter selbst bei glühender Hitze tagsüber nicht gegessen, getrunken und geraucht werden darf. Ägypten-Besucher sollten im Fastenmonat deshalb nicht durch allzu offenkundigen Genuss von Speisen, Getränken oder gar Tabak Missfallen erwecken.

Auch müssen sie sich darauf einstellen, dass in der Fastenzeit von Tagesanbruch bis Sonnenuntergang nur wenige, auf Touristen spezialisierte Restaurants ihre Türen geöffnet halten. Nach Sonnenuntergang geht es zum Fastenbrechen (*Fitar*) dafür umso lebhafter zu. Der Ruf des Muezzin oder oft auch ein Kanonenschlag geben das Startsignal zum fröhlichen Schlemmen – der Ramadan gilt als eine der besten Zeiten für Feinschmecker. Überall werden die köstlichsten Gerichte aufgetragen und in Dörfern wie Städten die Nacht zum Tag gemacht. Den Ausklang des Fastenmonats begeht man schließlich mit einem oft bis zu drei Tage dauernden Festessen.

Die fünfte der Säulen des Islam ist die Pilgerfahrt nach Mekka, der *Haddsch*. Ein jeder Muslim sollte einmal in seinem Leben zum Geburtsort Mohammeds im westlichen Saudi-Arabien wallfahren und dort sieben Mal das größte Heiligtum der muslimischen Welt, die Kaaba, umrunden. Doch nicht jeder Gläubige kann sich eine solch teure Reise leisten, weshalb der Stolz eines *Haddschi*, wie sich ein Mekka-Pilger anschließend nennt, umso beträchtlicher ist. Von der großen Auszeichnung, in der Heiligen Stadt des Islam gewesen zu sein, erzählen vielerorts in Ägypten mit Worten und Bildern bunt bemalte Häuserfassaden.

Neben diesen fünf individuellen Glaubenspflichten gemäß dem Koran, die das Verhältnis des Menschen zu Gott bestimmen, legt die Scharia, das islamische Recht, einen Kanon von Regeln fest, der die Beziehung der Menschen untereinander sowie zwischen Mann und Frau definiert. Die Scharia (der deutlichste Pfad, dem man folgen muss) ist eine der verfassungsmäßigen Grundlagen der ägyptischen Gesetzgebung. Das zwischen dem 7. und 10. Jahrhundert aus der Arbeit von islamischen Rechtsgelehrten hervorgegangene Regelwerk beinhaltet ethische und moralische Grundsätze sowie verbindliche Vorschriften für sämtliche Lebensbereiche: Anweisungen zur Praxis der Religionsausübung, für kulturelle und religiöse Pflichten, für Ehe, Scheidung, innere und äußere Sicherheit der Glaubensgemeinschaft sowie grundlegende Regeln für das tägliche Leben. Insbesondere das ägyptische Familienrecht fußt auf dem – mittelalterlichen – Verhaltenskodex, was der größte Teil der mehrheitlich konservativen Ägypter befürwortet.

Immer noch sind die Geschlechter im Land am Nil in der Regel streng voneinander getrennt, nicht nur im öffentlichen, auch im privaten Leben. In der Kairoer U-Bahn hat man den ersten Wagon eigens für Frauen reserviert, und auch am Bankschalter, auf der Post oder am Bahnhof kann es hier und da zu nach Geschlechtern getrennten Warteschlangen kommen. Es bestehen kaum gesellschaftliche Beziehungen von Frauen zu Männern, die nicht zum engsten Familienkreis gehören, und selbst da stehen sie, beispielsweise bei Festlichkeiten, in gesonderten Gruppen. Zärtlichkeiten tauscht man ausschließlich in den eigenen vier Wänden aus, sogar kurze Umarmungen sind auf die Familie beschränkt.

Aus westlicher Sicht zählt die Unterdrückung der Frau in Ägypten zu den beklagenswertesten Kapiteln. Das islamische Recht ermöglicht es dem Mann, bis zu vier Frauen zu heiraten, eine Frau hingegen darf nur einen Mann nehmen. Scheidung ist für sie nur in Ausnahmefällen möglich, beispielsweise wenn sie schwere seelische und materielle Not durch die zweite, dritte oder vierte Ehefrau erfährt und dies nachzuweisen versteht. Und selbst dann kann sie die Scheidung nur im gegenseitigen Einvernehmen durchsetzen, es sei denn, der Ehemann fällt als Ernährer der Familie aus oder ist zeugungsunfähig, wobei sie die Beweislast trägt.

Darüber hinaus verliert eine geschiedene Frau neben ihrer ökonomischen Grundlage – Unterhalt wird nur gezahlt, bis der Sohn zehn und die Tochter zwölf Jahre alt sind – außerdem Stellung und Ansehen; auf dem Land ohnehin, aber auch in gebildeten Kreisen. Dagegen hat ihr Angetrauter die Möglichkeit sich selbst zu scheiden, indem er dreimal vor Zeugen ausruft: «Ich verstoße dich!» Eine Versto-

ßung des Ehemanns durch die Frau wird dagegen von ägyptischen Gerichten nicht anerkannt, da sie nicht auf der Scharia beruht.

In der Ehe ist die Verheiratete ihrem Gatten zu Gehorsam verpflichtet. Es steht im Koran, dass «die Frau unter der Aufsicht des Mannes steht». Allerdings behält sie ihr eingebrachtes Vermögen und darf theoretisch frei darüber verfügen. Durch die gesetzlich vorgeschriebene Gütertrennung ist zumindest die wohlhabende Frau damit ökonomisch nicht abhängig. Ihre Kinder nehmen den Namen des Vaters an und auch seine Religion, den Islam. Sie dagegen trägt bis zur Geburt des ersten Sohns ihren Mädchennamen und nennt sich anschließend «Mutter des x (Vorname des Stammhalters)».Bringt sie indessen nur Mädchen zur Welt, fällt Schande auf sie.

Bei Bildung und Ausbildung haben männliche Nachkommen Priorität, denn Mädchen, die man von frühester Kindheit an zur künftigen Gattin und Mutter erzieht, werden ohnehin mit etwa 15 Jahren verheiratet. Dabei suchen die Eltern den Bräutigam nach Abstammung und ökonomischen Verhältnissen aus, und nicht selten sind sich die Brautleute bis zur Trauung überhaupt nicht bekannt. Weshalb es nicht verwundert, dass die Braut an dem Tag, der gemeinhin als der schönste im Leben gilt, oft in Tränen ausbricht, zumal in der nachfolgenden Nacht der Schrecken geschieht, vor dem sie Zeit ihres Lebens gewarnt wurde. Im Anschluss an die Hochzeitsnacht während des meist mehrtägig gefeierten Vermählungsfests wird, vor allem in ländlichen Kreisen, ein blutiges Laken aus dem Fenster gehängt, bei dessen Anblick die Festteilnehmer in Jubel ausbrechen. Denn nur die Jungfräulichkeit verschafft der Ehe Gültigkeit.

Noch vor wenigen Jahrzehnten gelangten Frauen nur zweimal über die Haustürschwelle: bei ihrer Hochzeit und beim Begräbnis. Heute dürfen sie auch außerhalb der eigenen vier Wände einer Tätigkeit nachgehen. Doch machen – abgesehen von den zahllosen Bäuerinnen, die seit Men-

Bilder rechts und nächste Doppelseite
- **Sprechende Augenblicke in der Oase Feiran**
- **Oase Kharga: Der Hibis-Tempel wurde vor 2500 Jahren von Perserkönig Darius I. erbaut**

schengedenken täglich 16 bis 19 Stunden auf den Feldern schuften, für Mann und Kinder das Essen bereiten, das Vieh melken und füttern, Brennholz und Wasser besorgen, auf den Märkten die Früchte verkaufen, waschen, putzen und nahezu pausenlos schwanger sind – nur zehn bis fünfzehn von hundert Frauen davon Gebrauch. Und während das weibliche Geschlecht in den aufgeklärten städtischen Schichten mittlerweile persönlichen Interessen nachgehen und sogar Sport treiben darf, herrschen auf dem Land immer noch Mystizismus und Aberglaube.

Andauernd plagt sich die Dorfbevölkerung mit Dschins herum, guten und bösen Geistern, die auch im Koran mehrmals genannt werden und die man mit Gebeten und einer Vielzahl von Amuletten abwehren kann. Vor allem dem gefürchteten bösen Blick gilt es entgegenzuwirken. Dieser wird hauptsächlich durch nachbarschaftlichen Neid provoziert, weshalb der eigene Nachwuchs häufig bewusst ärmlich gekleidet wird. Babys schützt man vor dem bösen Blick gleich nach der Geburt im Rahmen einer Zeremonie mit einem Goldamulett oder, in weniger begüterten Verhältnissen, mit einem blauen Plastikarmreifen. Und wird ein Familienmitglied trotzdem von einem bösen Dschin befallen, kommt eine Sheika, eine Fachfrau in geisterhaften Angelegenheiten, und treibt ihn in einem langwierigen Ritual unter Trommelwirbeln, Geisteranrufungen und einem Tieropfer wieder aus – gleichermaßen bei Muslimen wie ägyptischen Christen.

Von pharaonischer Zeit her haben sich in den beiden großen Weltreligionen in Ägypten alte afrikanische Bräuche bewahrt, darunter auch das grausame Ritual der Mädchenbeschneidung. Im Alter zwischen sechs bis acht Jahren werden ihnen die Klitoris und die Schamlippen amputiert. 1996, nach dem Verbot dieser blutigen Praxis, das bei Zuwiderhandlung Krankenhäuser wie Arztpraxen mit Schließung bedrohte, wurde die Beschneidung von Quacksalbern

Bilder rechts und nächste Doppelseite
**Nördlich vom Hibis-Tempel in der
Oase Kharga liegt die christliche Ruinenstätte
El Bagawat mit ihren Grabkapellen aus dem
4. bis 7. Jh. (Bilder von außen und innen)**

heimlich fortgeführt. In der Öffentlichkeit liefen gegen das Verbot neben orthodoxen Gläubigen als Hüter der Tradition vor allem Mütter Sturm. Was könnte schließlich so schlimm daran sein, was sie selbst schon ertrugen?

Im selben Jahr, 1996, machte eine Studie bekannt, dass neun Zehntel aller Mädchen beschnitten werden. Da die Zahl in gebildeten Kreisen aber gegen null neigt, bedeutet dies, dass in einfachen Schichten Mädchen zu hundert Prozent dieses Schicksal erleiden. Und die Anhänger beider Glaubensgemeinschaften, Christen wie Muslime, behaupten dabei, es sei ein Gebot ihrer jeweiligen Heiligen Schrift. Die Knaben werden ebenfalls beschnitten. Bereits im Babyalter wird ihnen die Vorhaut als Sitz des unreinen weiblichen Elements entfernt.

Beide Geschlechter legen grundsätzlich Wert darauf, Kopfhaare, nackte Arme und Beine nicht zu zeigen, denn sie gelten bei den streng Gläubigen bereits als provozierendes Sexsymbol. In der Öffentlichkeit trägt der Mann deshalb, wenn er nicht gerade hart auf dem Feld arbeitet oder – seltener – sich in einen westlichen Zweireiher kleidet, ein um den Kopf geschlungenes Tuch und den Galabiya, das lange, weite, bis zu den Füßen reichende bequeme Gewand. Die Alltagskleidung der Frau besteht ebenfalls aus einer langärmeligen, bis zu den Knöcheln herunterhängenden Körperverhüllung mit einem Tuch um den Kopf, über das sie zusätzlich eine schwarze, von den Haaren bis zum Fußboden reichende Bemäntelung schlägt, sobald sie das Haus verlässt.

Westliche Mode verletzt bei der Mehrheit der traditionell gekleideten Ägypter das Gefühl von Sitte und Anstand. Als Besucher im Land sollte man als Mann darum nicht in kurzen Hosen oder sogar Bermudashorts gehen, man würde sich lächerlich machen. Mehr noch werden Besucherinnen schulterbedeckende lange weite Kleider empfohlen. Sie schützen nicht nur vor der Hitze, sondern auch vor aufdringlichen, geringschätzigen Blicken. Für die Besichtigung von Moscheen ist bedeckende Kleidung allemal Pflicht, und da man sich auf den Tourismus der Ungläubigen eingestellt hat, werden in den islamischen Gotteshäusern inzwischen Umhänge an zu freizügig bekleidete Gäste verliehen. Gegen allzu schlimme Anmache sind Kopftücher hilfreich, die sich neuerdings auch wieder ägyptische Karrierefrauen überziehen, nicht aus Überzeugung, sondern zum Schutz vor religiösen Fanatikern.

Kunst und Kultur

Ob orthodox oder freigeistig, traditionell oder westlich, arm oder reich: Sobald es um Fußball geht, geben sich alle der gleichen Begeisterung hin. Der Fußballenthusiasmus der Ägypter kennt keine Grenzen. Wo immer es ein Stückchen freie Fläche gibt, wird gekickt, und vier Mal hat die ägyptische Nationalmannschaft bereits den Pokal der «African Nations Cup Championship» nach Hause getragen. Nur Ghana konnte im Rahmen der Afrika-Meisterschaften noch mehr Siege verbuchen.

Zu internationalem literarischen Ruhm gelangte Ägypten spätestens mit der Verleihung des Nobelpreises für Literatur 1988 an den Kairoer Schriftsteller Nagib Mahfus (geb. 1911), der in seiner *Kairoer Trilogie* oder Werken wie *Zuckergässchen* und *Die Kinder in unserem Viertel* vom zeitgenössischen Leben in der Nilmetropole erzählt. Zum geistigen Vater nicht nur der modernen ägyptischen Literatur, sondern der gesamten arabischen Moderne wurde mit seinen autobiografischen Werken *Kindheitstage* und *Jugendjahre in Kairo* der von Kindheit an blinde Schriftsteller Taha Hussein (1889 bis 1973).

Eine der bedeutendsten Vertreterinnen der jüngeren Frauenliteratur ist die Ärztin Nawal El Saadawi (geb. 1931). Nach der Veröffentlichung ihres ersten Buchs *Women and Sex* entließ man sie 1972 als Leiterin des Gesundheitsamts und verbot zunächst ihre Schriften, was sie jedoch nicht davon abhielt, in Erzählungen wie *Ich spucke auf euch – Bericht einer Frau am Punkt null* und *Gott stirbt am Nil* die Ausbeutung der Fellachen und die Unterdrückung der Frauen sowie den Wunsch nach einem anderen, besseren Leben auch weiterhin zu thematisieren.

Ganz zuoberst in der Beliebtheitsskala rangieren indes die bewegten Bilder. Das Kino zählt zu den populärsten ägyptischen Freizeitvergnügen und man darf wohl ohne Umschweife behaupten: Zusammen mit den Indern sind die

Holzfiguren als Grabbeigaben in pharaonischer Zeit (Ägyptisches Nationalmuseum Kairo)

Ägypter das filmverliebteste Volk. Allerorts werben grellbunte Plakate für die neusten Produktionen aus der einheimischen wie der Hollywood-Traumfabrik – am liebsten melodramatische Liebesgeschichten –, und vor den Kinos bilden die Filmvernarrten lange Schlangen, um vielleicht noch eine Karte für die meist ausverkauften Vorstellungen zu erlangen. Neben den zahllosen Kinogängern hat die cineastische Leidenschaft im Land am Nil auch weltweit berühmte Filmschaffende hervorgebracht: den Regisseur Salah Abu Seif, der 1956 auf den Filmfestspielen in Cannes den Kritikerpreis verliehen bekam, und Youssef Chahine, den man, ebenfalls in Cannes, 1997 für seine zeitkritischen Filme mit dem Preis für das Lebenswerk ehrte. Nicht zu vergessen Omar Sharif, dessen Blick aus sanften dunklen Augen von der Leinwand herab seit Jahrzehnten auf der ganzen Welt die Frauenherzen dahinschmelzen lässt.

Theater und Tanz finden vornehmlich auf den Kairoer Bühnen statt. Überwiegend stehen Komödien und Melodramen auf dem Programm, die sich bei den Zuschauern allerhöchster Beliebtheit erfreuen. Teils sind die Stücke eigens für die bekannten heimischen Filmstars und insbesondere für die gefeiertsten Bauchtänzerinnen geschrieben. Noch vor der Schauspielkunst ist der Bauchtanz die nationale ägyptische Unterhaltungsveranstaltung par excellence, die in internationalen Hotels wie auf privaten Familienfesten vor allem in den langen Ramadan-Nächten für ausgelassene Stimmung sorgt. Wobei die mit farbenprächtigen, perlen- und flitterbestickten Kostümen geschmückten Tänzerinnen aus religiöser Rücksicht ihren Bauch seit einiger Zeit mit einem dünnen, leicht durchschimmernden Stoff bedecken. Die besten von ihnen Ende des 20. Jahrhunderts – Fifi Abdou, Naima Akif, Soher Zaki und Nagwa Fouad – wurden mit ihren spektakulären Shows rund um den Bauchtanz längst zu nationalen Berühmtheiten.

Die Künstlerlegende Ägyptens schlechthin ist aber die Sängerin Umm Koulthoum, die «große Dame des arabischen Gesangs», deren sentimentale, lyrische, religiöse und patriotische Lieder die gesamte arabische Welt verzauberten. In der Ära Nasser stieg die 1898 im Nildelta geborene Tochter eines Musikers zum «Stern des Ostens» auf. Vom Glanz Ägyptens und des Islam und natürlich von der Liebe sang Umm Koulthoum mit leidenschaftlichem Tremolo und

Meißelt Replikate antiker Figuren: Bildhauer mit Familie in Westtheben

berührte damit die Seele der Menschen. Einmal monatlich gab sie ein Konzert vor Hunderttausenden, und wer keine Karte bekam, lauschte ihren Klängen jeden ersten Donnerstag im Monat im Radio, später im Fernsehen.

Als die vielfach mit Preisen für ihr nationales und soziales Engagement geehrte Sängerin 1975 verstarb, nahm das ganze Land Abschied. Eine Nation trauerte um Umm Koulthoum, deren Lieder heute längst Evergreens sind. Seit kurzem kann man ihren unsterblichen Gesang auch im World Wide Web vernehmen. Dort findet man die große Sängerin in Bild und Klang auf der Homepage der ägyptischen Regierung gleich neben Tutanchamun und der antiken Bibliothek von Alexandria.

Der Wiederaufbau dieser legendären Bibliothek der Alten Welt gehört zu den ehrgeizigsten kulturellen Projekten Ägyptens. In Zusammenarbeit mit der UNESCO soll sie in erster Linie dem Austausch und Dialog zwischen den Völkern dienen, Bildung und Wissenschaften und auch der Bewahrung des ägyptischen Kulturerbes in diesem an Altertümern so beispiellos reichen Land. In diesem Land voller Ge-

gensätze, wo die Trennlinie zwischen Armut und Reichtum, Tradition und Moderne, Computerzeitalter und Mittelalter ebenso scharf verläuft wie die Grenze vom Fruchtland zur Wüste. In dieser Wiege der Zivilisation, wo fern der pulsierenden, lärmenden Metropolen die Zeit seit Menschengedenken stehen geblieben zu sein scheint.

Wo an den stillen Ufern des Nils und in den Oasen im glühenden Feuerozean die Bewohner seit Jahrtausenden Sand und sprödes Gestein in blühende Gärten verwandeln, der Wüste Leben abtrotzen und damit der Landschaft ihre unvergleichliche Gestalt verleihen. So wie sie 1848 Gustave Flaubert nach seiner Nilreise beschrieb:

Vor mir ging die Sonne auf; das ganze in Nebel gehüllte Niltal glich einem weißen unbeweglichen Meer, und die Wüste dahinter mit ihren Sandhügeln einem weiteren dunkelvioletten Ozean mit lauter versteinerten Wellen. Indessen tauchte die Sonne hinter der arabischen Bergkette auf, der Nebel zerriss zu großen, hauchdünnen Schleiern, und die von Kanälen durchschnittenen Wiesen waren wie grüne Teppiche mit arabischen Randverzierungen.

Zeittafel

In der Ägyptologie gibt es betreffend den geschichtlichen Jahreszahlen bis zum Mittleren Reich verschiedene «Schulen», die vor allem in der Frühzeit bis über 100 Jahre voneinander abweichen.

FRÜHZEIT

etwa 2900 (3030?)–2620 v. Chr.
1. Dynastie: 2900 (3030?)–2760
- Zusammenschluss von Ober- und Unterägypten durch Menes/Narmer
- Menes gründet die neue Hauptstadt Memphis
- Die ersten Nildämme und -kanäle werden angelegt
2. Dynastie: 2760–2620

ALTES REICH

2620–2150 v. Chr.
3. Dynastie: 2620–2570
- Djoser läßt die Stufenpyramide von Sakkra errichten
4. Dynastie: 2570–2460
- Errichtung der Großen Pyramiden der Pharaonen Cheops, Chephren und Mykerinos in Giseh
5. Dynastie: 2460–2320
6. Dynastie: 2320–2150
- Pepi (Phiobs) I. führt erfolgreich Krieg gegen benachbarte Länder
- Pepi II. regiert 94 Jahre lang; die Zentralmacht wird zunehmend geschwächt

ERSTE ZWISCHENZEIT

2150–2040 v. Chr.
7. Dynastie: Interregnum (70 Könige in 70 Tagen) im Jahre 2150
8. Dynastie (Memphiten): 2150–2100
9. Dynastie (Herakleopoliten)
10: Dynastie (Herakleopoliten)

MITTLERES REICH

2040–1650 v. Chr.
11. Dynastie: 2040–1991
- Erneute Reichseinigung unter Mentuhotep I. und Mentuhotep II.; Theben wird Hauptstadt
12. Dynastie: 1991–1785
- Amenemhet I. verlegt seine Residenz nach Memphis und dehnt den Machtbereich Ägyptens über Nubien aus
- Amenemhet III. erschließt das Faijum und läßt den Bahr el-Jussuf-Kanal anlegen
13./14. Dynastie: 1785–1650

ZWEITE ZWISCHENZEIT

1650–1551 v. Chr.
15./16. Dynastie: 1650–1540
17. Dynastie: 1650–1551

- Einfall der Hyksos

NEUES REICH

1551-1070 v. Chr.
18. Dynastie: 1551–1306
- Ahmose bezwingt die Hyksos und macht Theben zu seiner Hauptstadt
- Erste Grabstätten im Tal der Könige
- Rückeroberung Nubiens bis zum 3. Katarakt durch Amenophis I.
- Königin Hatschepsut läßt ihren Tempel in Der el-Bahri errichten
- Tuthmosis III. dehnt das ägyptische Reich bis in den Nahen Osten aus
- Amenophis IV. ändert seinen Namen in Echnaton, führt mit der Anbetung der Sonnenscheibe Aton den Monotheismus ein und verlegt seine Residenz von Theben anch Tell el-Amarna.
- General Haremheb übernimmt die Macht und schafft den Aton-Kult wieder ab
19. Dynastie (Ramessiden): 1306–1186
- Ramses II. schlägt die Hethiter und läßt überall im Lande Monumentalbauten errichten
- Merenptah besiegt die Seevölker
20. Dynastie (Ramessiden): 1186–1070
- Ramses III. nimmt eine Neuordnung der Verwaltung vor, wehrt einen neuerlichen Angriff der Seevölker ab und läßt in Medinet Habu bei Theben seinen Totentempel erbauen

DRITTE ZWISCHENZEIT

1070–715/711 v. Chr.
21. Dynastie (Taniten und Thebaner): 1070–945
- Machtübernahme durch Herihor, den ersten in einer Reihe thebanischer Priesterkönige; sie teilen sich mit den im Nil-Delta herrschenden Fürsten von Tanis die Macht
22./23. Dynastie (Libyer): 945–715.
- Plünderung Jerusalems durch Scheschonk I.
24. Dynastie: 725–715/711 (Delta)
- Angesichts der Bedrohung durch Assyrien schließen sich die unterägyptischen Kleinfürstentümer unter Tefnacht, dem König von Sais, zusammen. Aus Nubien (Sudan) dringen die Herrscher von Kusch nach Oberägypten vor

SPÄTZEIT

715/711–332 v. Chr.
25. Dynastie (Kuschiten): 715/711–664
- Eroberung Oberägyptens durch König Pianchi von Kusch
- König Schabaka erobert Unterägypten
- König Esarhaddon von Assyrien nimmt Memphis ein (671)
- Plünderung Thebens durch Assurbanipal (663)

terra magica

26. Dynastie (Saiten): 664–525
- Gründung des griechischen Freihafens Naukratis im Delta (656)
- Invasion der Perser unter Kambyses (525)

27. Dynastie (Perser): 525–404
- Kambyses ruft sich selbst zum Pharao aus; Ägypten steht unter persischer Herrschaft

28., 29. und 30. Dynastie: 404–343
- Erfolgreicher Aufstand gegen Darius II.; Ägypten wird wieder unabhängig

31. Dynastie (Perser): 343–332
- Erneuter Einfall der Perser; Nektanebos II., der letzte Pharao Ägyptens, wird aus dem Lande vertrieben

GRIECHISCHE ZEIT

332–30 v. Chr.
Alexander d. Gr.: 332–323
- Alexander d. Gr. von Makedonien schlägt die Perser und wird in Ägypten als Befreier begrüßt
- Gründung der Stadt Alexandria

Die Ptolemäer: 323–30
- Ptolemaios I., General Alexander d. Gr., macht sich zum König Ägyptens
- Errichtung der Tempel von Idfu und Dendera
- Kleopatra verbündet sich mit Mark Anton; Octavian (Augustus) schlägt Marcus Antonius in der Schlacht von Actium, Kleopatra nimmt sich das Leben

RÖMISCHE UND BYZANTINISCHE HERRSCHAFT

30 v. Chr.–642 n. Chr.
- Ägypten wird von kaiserlichen Statthaltern regiert
- Kaiser Caracalla läßt alle männlichen Erwachsenen von Alexandria niedermetzeln (215).
- Probus, römischer Statthalter und erster Soldatenkönig Ägyptens (276–282), schlägt die eindringenden Streitkräfte Königin Zenobias von Palmyra zurück
- Gründung des ersten christlichen Klosters in der Nähe von Dendera durch den Hl. Pachomius (um 320)
- Theodosius verbietet per Edikt die Anbetung heidnischer Götter (392)
- Einmarsch persischer Streitkräfte unter Chosrau in Ägypten (616)
- Wiederherstellung der byzantinischen Herrschaft durch Kaiser Heraklios (631)

ISLAMISCHE ZEIT (ab 642)

Orthodoxe Kalifen: 642–661
- Eroberung Ägyptens durch die Araber unter Amr Ibn al-As, einem General des Kalifen Omar

Omayyaden (Damaskus): 661–750
- Arabisch wird Amtssprache

Abbasiden (Bagdad): 750–868
Tuluniden: 868-905
- Sultan Ibn Tulun gründet in Kairo eine türkische Dynastie
- Bau der Ibn-Tulun-Moschee in Kairo

Ichshididen: 935–969
- Sultan Mohammed Tughi (el-Ichschid) führt Landwirtschaftsre-

formen durch; das Land erlebt eine kulturelle Blütezeit

Fatimiden: 969–1171
- General Gohar gründet die Stadt El-Kahira (Kairo)
- Vollendung der Al-Azhar-Moschee (972) und Gründung der Islamischen Universität (988)

Ayyubiden: 1171–1250
- Saladin (Salah el-Din) gründet eine kurdische Dynastie, führt ruhmreiche Feldzüge gegen die Kreuzritter und beginnt in Kairo mit dem Bau der Zitadelle

Mamluken-Herrschaft: 1250–1517
Bahritische (türkische) Mamluken: 1250–1382
- Kairo wird 1302 durch Erdbeben zerstört

Burdschitische (tscherkessische) Mamluken: 1382–1517
- Niederwerfung der Mamluken bei Aleppo durch den osmanischen Sultan Selim I. (1516)

Osmanische Herrschaft: 1517–1798
- Konstantinopel löst Kairo als Zentrum der islamischen Welt ab
- Ägypten wird von Paschas regiert
- Ali Bay verweigert Tributzahlungen an den Sultan (1768)

1798 Napoleon landet in Ägypten, gewinnt die Schlacht bei den Pyramiden und übernimmt die Herrschaft im Lande

1801 Von den Briten geschlagen, ziehen sich die Franzosen aus Ägypten zurück

1805–1847 Mehmet (Mohammed) Ali, vom Sultan zum Pascha ernannt, eint das Reich, bricht die Macht der Mamluken und führt weitreichende Reformen durch. Nachfahren seiner Linie sind bis 1952 immer wieder an der Machtausübung beteiligt

1859 Beginn des Suez-Kanals mit französischer Finanzhilfe

1863–1879 Herrschaft Ismails; er erhält 1867 den Titel eines Khediven (Vizekönig)

1869 Eröffnung des Suez-Kanals

1882 England übernimmt nach einer militärischen Intervention die Kontrolle über das Land

1922 Ägypten wird unabhängig; England bleibt jedoch militärisch weiterhin präsent

1923 Ägypten wird per Verfassung in eine konstitutionelle Monarchie umgewandelt. Als Fuad I. besteigt der Sohn des Khediven Ismail den Thron

1952 Revolution der «Freien Offiziere»; König Faruk wird entthront

1953 Ausrufung der Republik Ägypten

1953–1954 Präsidentschaft General Mohammed Nagibs

1954–1970 Präsidentschaft Gamal Abd el-Nassers

1956 Verstaatlichung des Suez-Kanals. Französische und britische Truppen besetzen die Kanalzone und müssen nach einem UNO-Beschluss wieder abrücken. Die letzten britischen Truppen ziehen endgültig aus Ägypten ab

1967 6-Tage-Krieg mit Israel

1970–1981 Präsidentschaft Anwar as-Sadats

1973 Jom-Kippur-Krieg mit Israel; Ägypten gewinnt wieder Selbstvertrauen

1979 Unterzeichnung des Friedensvertrages von Camp David mit Israel

1981 Präsident Sadat wird von islamischen Extremisten ermordet. Hosni Mubarak (geboren 1928) wird neuer Präsident

1987 Wiederwahl Mubaraks als Präsident für weitere sechs Jahre

1991 Ägyptische Truppen nehmen an der militärischen UNO-Expedition teil, die Kuwait von der irakischen Besetzung befreit

1999 Hosni Mubarak wird zum 3. Mal durch Volkswahl für weitere sechs Jahre als Präsident bestätigt

Könige und Pharaonen der 31 antiken Dynastien

I. Dynastie 2900 (3030?)–2760

Narmer (= Menes?)
Aha (= Atothis?)
Djer
Djet
Den (Udimu)
Adj-ib (Miebis)
Semerchet
Ka-a

II. Dynastie 2760–2620

Ra-neb
Hetepsechemui
Ni-netjer
Peribsen
Senedj
Cha-sechem
Cha-sechemui

III. Dynastie 2620–2570

Nebka
Djoser
Djoser-teti
Sechem-chet
Huni

IV. Dynastie 2570–2460

Snefru
Chufu (Cheops)
Re-djedef (Djedefre)
Re-chaf (Chephren)
Baf-re
Menkaure (Mykerinos)
Schepseskaf
Ptahdjedef

V. Dynastie 2460–2320

Userkaf
Sahure
Neferirkare
Schepseskare
Neferefre
Niuserre
Menkauhor
Isesi (Asosis)
Unas

VI. Dynastie 2320–2150

Teti
Userkare
Merire Phiops I. (Pepi)
Merienre I.

Neferkare Phiops II. (Pepi)
Merienre II.
etwa 7 weitere Könige

VII. Dynastie 2150

70 Könige

VIII. Dynastie 2150–2100

(in Memphis)

IX. und X. Dynastie 2140–2040

(in Herakleopolis)

Cheti (Achthoes) III.
Merikare

XI. Dynastie 2040–1991

(in Theben)

Sehertaui Antef I.
Wahanch Antef II.
Nebtepnefer Antef III.
Nebhepetre Mentuhotep I.
Sanchkare Mentuhotep II.
Nebtauire Mentuhotep III.

XII. Dynastie 1991–1785

Sehetepibre Amenemhet I.
Cheperkare Sesostris I.
Nubkaure Amenemhet II.
Chacheperre Sesostris II.
Chakaure Sesostris III.
Nimaatre Amenemhet III.
Maacherure Amenemhet IV.
Sobekkare Sobeknofru

XIII: Dynastie 1785–1650

Amenemhet Sobekhotep I.
Sanchtaui Sechemkare
Sechemre Chutaui Penten
Sechemkare Amenemhet Senbuf
Sanchibre Ameni Antef Amenemhet
Sedjefakare Kai Amenemhet
Chutauire Ugaf
Seneferibre Sesostris IV.
Sechemre Suadjtaui Sobekhotep II.

Chasechemre Neferhotep I.
Chaneferre Sobekhotep III.
Chaanchre Sobekhotep IV.
Chahetepre Sobekhotep V.
Mersechemre Neferhotep II.
Wahibre Laib
Merneferre Eje
Merhetepre
Mersechemre Ined
Merkaure Sobekhotep VI.
Suahenre Senebmiu
Djedanchre Montuemsaf
Menchaure Seschib
Hetepibre Siamun Hornedjheriotel
Djedneferre Didumes I.
Djedhetepre Didumes II.

XIV. Dynastie 1760–1650

(nur im Delta)

XV. und XVI. Dynastie 1650–1540

(Hyksos)

...

Nebchepeschre Apophis I.
Sewoserenre Chian
Aakenenre Apophis II.
Aawoserre Apophis III.

XVII. Dynastie 1650–1551

(in Theben)

...

Senachtenre Ta-a I.
Sekenenre Ta-a II.
Wadjcheperre Kamose

XVIII. Dynastie 1551–1306

Nebpehtire Ahmose
Djoserkare Amenophis I.
Aacheperkare Thutmosis I.
Aacheperenre Thutmosis II.
Maatkare Hatschepsut
Mencheperre Thutmosis III.
Aacheperure Amenophis II.

Mencheperure Thutmosis IV.
Nebmaatre Amenophis III.
Nefercheprure Amenophis IV. (Echnaton)
Anchcheprure
Semenchkare
Nebcheprure
Tutanchamun
Chepercheprure Eje
Djoschercheprure Haremhab

XIX. Dynastie 1306–1186

Menpehtire Ramses I.
Menmaatre Sethos I.
Usermaatre Ramses II.
Baenre Merenptah
Menmire Amenmose
Satre Tausret
Usercheprure Sethos II.
Achenre Merenptah-Siptah

XX. Dynastie 1186–1070

Userchaure Sethnacht
Usermaatre Ramses III.
Hekamaatre Ramses IV.
Usermaatre Ramses V.
Nebmaatre Ramses VI.
Usermaatre Ramses VII.
Usermaatre Ramses VIII.
Neferkare Ramses IX.
Chepermaatre Ramses X.
Menmaatre Ramses XI.

XXI. Dynastie 1070–945

Hedjcheperre Smendes
Aacheperre Psusennes I.
Neferkare Amenmose
Usermaatre Amenemope
Netjercheperre Siamun
Hedjhekare Psusennes II.

XXII. und XXIII. Dynastie 945–715

Hedjcheperre Scheschonk I.
Sechemcheperre Osorkon I.
Usermaatre Takelothis I.
Usermaatre Osorkon II.
Hedjcheperre Takelothis II.

Usermaatre Scheschonk III.
Usermaatre Pimai
Aacheperre Scheschonk IV.
Usermaatre Petubastis
Aacheperre Scheschonk V.
Usermaatre Osorkon III.
Usermaatre Takelothis III.
Usermaatre Amunrud
Aacheperre Osorkon IV.

XXIV. Dynastie 725–711

Schepsesre Tefnacht
Wahkare Bokchoris

XXV. Dynastie 715–664

Kaschta
Usermaatre Pianchi
Neferkare Schabaka
Djedkaure Schabataka
Chunefertumre Taharka
Bakare Tanutamun

XXVI. Dynastie 664–525

Wahibre Psammetich I.
Uhemibre Necho
Neferibre Psammetich II.
Haaibre Apries
Chnumibre Amasis
Anchkaenre Psammetich III.

XXVII. Dynastie 525–404

(Perserkönige)

XXVIII. Dynastie 404–399

Amyrtaios II.

XXIX. Dynastie 399–380

Nepherites I.
Muthis
Psammuthis
Hakoris
Nepherites II.

XXX. Dynastie 380–343

Nektanebos I.
Tachos
Nektanebos II.

XXXI. Dynastie 343–332

(Perserkönige)

terra magica

Max Schmid und Rainer Höh
ALASKA
208 Seiten mit 166 Farbfotos,
73 doppelseitige Farbtafeln,
farbige Karte
Spektrumformat
ISBN 3-7243-0339-4

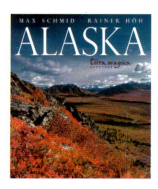

Max Schmid / Udo Sautter
USA
240 Seiten mit 160 Farbfotos,
48 s/w-Abb., Karte,
ISBN 3-7243-0330-0

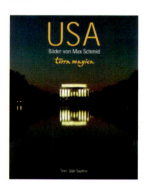

Eva und Florentine Steffan /
Peter Höh
SPANIEN
192 Seiten mit 152 Farbfotos
davon 38 doppelseitige
Farbtafeln, farbige Karte
ISBN 3-7243-0353-X

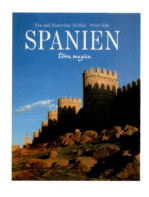

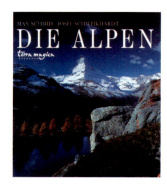

Max Schmid /
Josef Schweikhardt
DIE ALPEN
208 Seiten mit 161 Farbfotos,
davon 62 doppelseitige Farb-
tafeln, farbige Karte
Spektrumformat
ISBN 3-7243-0354-8

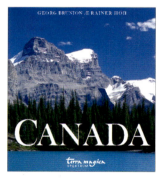

Georg Brunion und Rainer Höh
CANADA
208 Seiten mit 180 Farbfotos,
62 doppelseitige Farbtafeln,
farbige Karte
Spektrumformat
ISBN 3-7243-0357-2

Christian Prager /
Kristine Jaath
DEUTSCHLAND
208 Seiten mit 194 Farbfotos,
59 doppelseitige Farbtafeln,
farbige Karte
Spektrumformat
ISBN 3-7243-0358-0

Sabine Berger /
Annaliese Wulf
THAILAND
200 Seiten mit 166 Farbfotos,
43 s/w-Abb., Karte,
ISBN 3-7243-0327-0

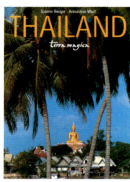

Christian Prager /
Eckhart Diezemann
TOSCANA
180 Seiten mit 153 Farbfotos,
39 doppelseitige Farbtafeln,
farbige Karte,
ISBN 3-7243-0363-7

C. Prager / E. Diezemann
SCHOTTLAND mit HEBRIDEN
ORKNEY und SHETLAND
200 Seiten mit 175 Farbfotos,
davon 61 doppelseitige Farbta-
feln, farbige Karte und
Dudelsack-CD
Spektrumformat
ISBN 3-7243-0366-1

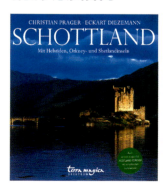

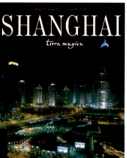

Erhard Pansegrau /
Angelika Viets
SHANGHAI
180 Seiten mit 148 Farbfotos,
farbiger Stadtplan,
ISBN 3-7243-0368-8

Klaus Beer
ROUTE 66
mit DVD-Film 92 Min.,
144 Seiten mit 130 Farbfotos
ISBN 3-7243-0362-9

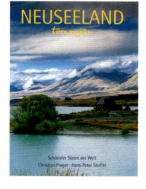

Christian Prager /
H.-P. Stoffel
NEUSEELAND
200 Seiten mit 162 Farb-
fotos, 37 s/w-Abb., Karte,
ISBN 3-7243-0328-9

Max Schmid / Gunter Mühl
NEUSEELAND
208 Seiten mit 190 Farbfotos,
farbige Karte,
Spektrumformat
ISBN 3-7243-0371-8

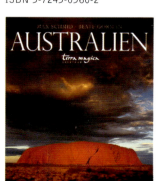

Elke und Dieter Losskarn
SÜDAFRIKA
208 Seiten mit 195 Farbfotos,
über 60 doppelseitige Farbtafeln,
farbige Karte
Spektrumformat
ISBN 3-7243-0359-0

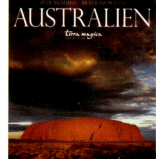

Max Schmid / Beate Gorman
AUSTRALIEN
208 Seiten mit über 160 Farb-
fotos, davon 64 doppelseitige
Farbtafeln, farbige Karte
Spektrumformat
ISBN 3-7243-0360-2

Oliver Bolch
CHINA
208 Seiten mit 210 Farbfotos,
farbige Karte,
Spektrumformat
ISBN 3-7243-0369-6

Udo Heß
NORWEGEN
200 Seiten mit 124 Farb-
fotos, 45 s/w-Abb., Karte,
ISBN 3-7243-0329-7

Christian Prager /
Susanne Dockrell
IRLAND
216 Seiten mit 131 Farbfotos
(viele doppelseitige Farbtafeln),
farbige Karte,
Spektrumformat
ISBN 3-7243-0324-6

Dennis Gunton / Janez Skok
HIMALAYA
Tibet, Bhutan, Ladakh, Nepal,
Sikkim, Nordindien, Kaschmir
288 Seiten mit 230 Farbfotos,
11 s/w-Abb., Karten,
ISBN 3-7243-0317-3

**Verlangen Sie ausdrücklich terra magica!
In jeder Buchhandlung.**

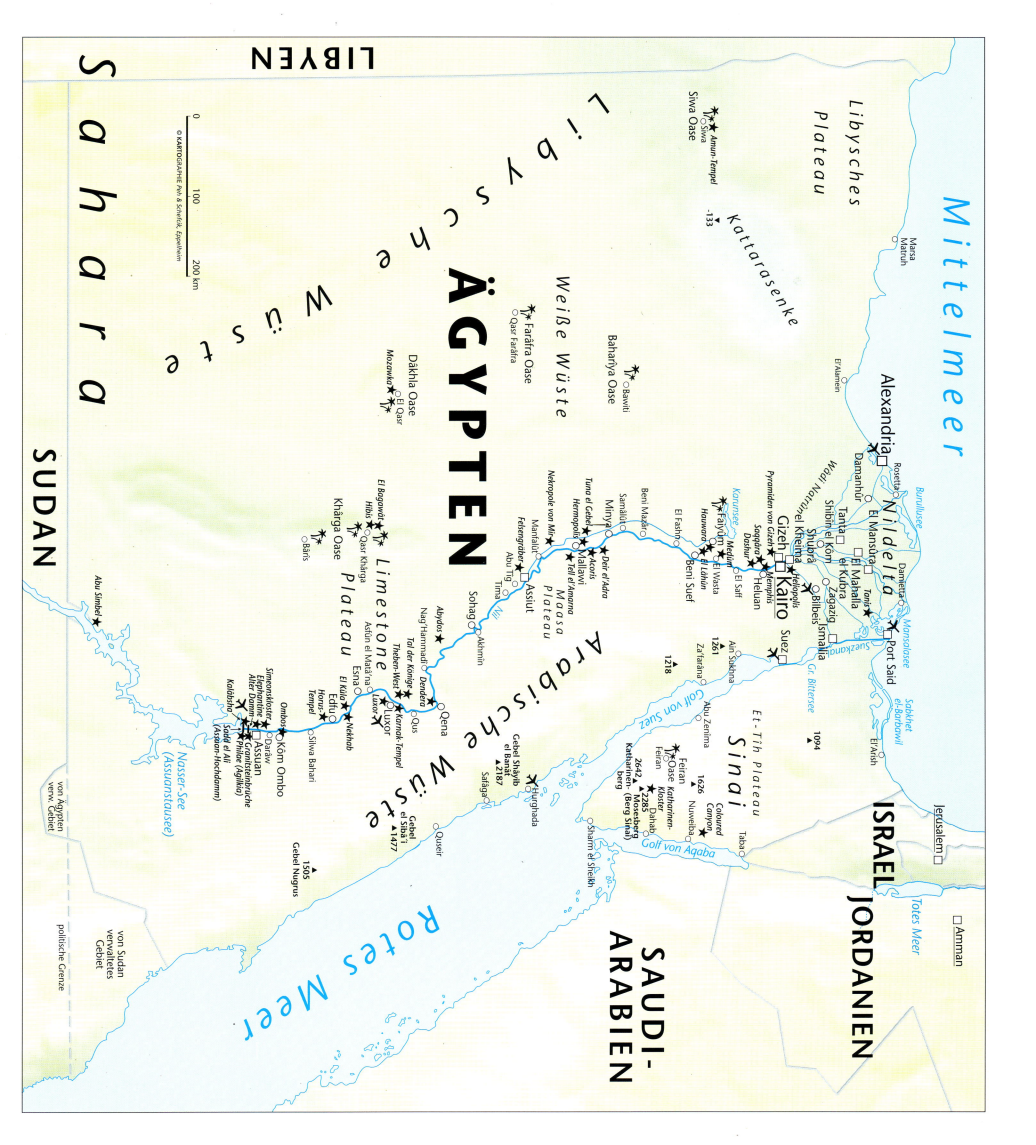

Namen- und Ortsregister

Die bei den Stichwörtern fett geruckten Seitenzahlen nennen jene Seite, auf der die Legende zum entsprechenden Bild gedruckt ist.